Maestros espirituales de Al-Ándalus

IBN 'ARABĪ

Maestros espirituales de Al-Ándalus (Risālat Rūḥ al-quds)

Traducción y notas de Miguel Asín Palacios
Estudio y edición de Antonio de Diego González

ALMUZARA

Título original: *Risālat Rūḥ al-quds* de Ibn ʻArabī

Director de la colección: Pablo Beneito

Primera edición: marzo de 2024

Editorial Almuzara • Colección HU هو — Biblioteca Ibn Arabí
Director editorial: Antonio Cuesta
Editora: Ángeles López
Maquetación: Miguel Andréu

www.editorialalmuzara.com
pedidos@almuzaralibros.com - info@almuzaralibros.com

Editorial Almuzara
Parque Logístico de Córdoba. Ctra. Palma del Río, km 4
C/8, Nave L2, nº 3. 14005 - Córdoba

Imprime: Gráficas La Paz
I.S.B.N: 978-84-10520-49-3
Depósito Legal: CO-75-2024
Hecho e impreso en España - *Made and printed in Spain*

Índice

SOBRE LA COLECCIÓN HU – BIBLIOTECA IBN ´ARABI

La ingente y fascinante obra de Muḥyī l-Dīn Ibn 'Arabī de Murcia (1165-1240 d. C.), uno de los autores más significativos e inspiradores de la literatura y la espiritualidad universales, máximo exponente del sufismo en lengua árabe, no ha sido aún suficientemente estudiada y traducida. A pesar de la extraordinaria relevancia del maestro en la historia del pensamiento, muchos de sus escritos todavía no han sido traducidos. Conscientes de la importancia de promover el estudio, la edición y la traducción de sus textos, hemos creado la colección *HU — Biblioteca Ibn Arabí* con el propósito de facilitar la lectura de su obra en castellano. La colección publicará alternamente traducciones de obras originales —realizadas por especialistas directamente del árabe, acompañadas en su caso de edición crítica—, ensayos inéditos sobre sus textos o temas afines, y ocasionales reediciones de traducciones y estudios de particular relevancia y actualidad.

EL DIRECTOR DE LA COLECCIÓN

El director de la presente colección es Pablo Beneito, arabista e islamólogo especializado en el estudio y la traducción de Ibn 'Arabī y autores afines. Enseña en la actualidad en la Universidad de Murcia, donde dirige la edición de *El Azufre Rojo: Revista de Estudios sobre Ibn Arabi*, y coordina las actividades de MIAS-Latina.

HU هو

La escritura árabe del nombre divino 'Él' (*Huwa / Hū*) —que designa la identidad suprema del Misterio— consta de dos letras: una *hā'*, la primera letra del alifato fónico, articulada en el pecho, que por sí sola simboliza la Ipseidad divina (*huwiyya*), y una *wāw*, su última letra, articulada en los labios, que representa al Ser Humano Perfecto, finalidad y síntesis de la creación. Estas dos letras representan así el alfa y la omega de la palabra divina y la existencia. Ibn 'Arabī tiene muy presente este símbolo fundamental del sufismo (que contempló de modo eminente en una visión), cuyo nombre y grafía (هو) hemos adoptado como emblema de esta colección *HU – Biblioteca Ibn Arabí*. Gráficamente, la forma de la *wāw* está contenida en la propia grafía de la *hā'* que la precede como símbolo de que el Ser Humano ha sido creado a imagen de Dios.

PRÓLOGO

Los autores que asociamos al campo de la mística suelen ser, a menudo, malentendidos. Una comprensión incompleta, pues en el entendimiento propio de nuestra época nos centramos, muchas veces, en lo que nos interesa a nosotros y olvidamos quiénes son estos autores. Por una parte, el racionalismo de nuestro tiempo nos invita a situarlos en el terreno de la ficción y la literatura. Por otra, proyectamos sobre ellos más libertades que las que ellos, en sus hierofanías, vivieron.

El sufismo, por ejemplo, a través del orientalismo, ha sido dulcificado hasta desdibujarlo dentro del islam. Muchos autores nos han presentado a los sufíes como personajes ebrios, librepensadores y rupturistas que se enfrentaban, a menudo, a un islam normativo y duro. Una tesis que, a principios de siglo XX, llevó a Asín Palacios, entre otros, a sostener la excepcionalidad del sufismo frente al «islam ortodoxo», el de los gramáticos y alfaquíes. De esa forma y progresivamente, el sufismo fue pasando desde la tradición islámica a las estanterías de la *New Age* como ocurre en la actualidad. De esa modo, Ibn ʻArabī se convierte en un precursor del «todo vale espiritual», y el gran Rūmī, en un escritor de libros de autoayuda. Este fenómeno está muy alejado de la realidad de sus obras y de su influencia espiritual y constituye una lectura un tanto perniciosa que distorsiona su posición en la historia intelectual del islam.

El sufismo representa la tradición —usando el concepto de René Guénon— del islam. Ha guardado celosamente las enseñanzas intelectuales y exotéricas del islam, al igual que las esotéricas, fruto de la vida imaginal de sus adeptos. Los maestros y las maestras han creído que tenían que guardar y transmitir el conocimiento a sus discípulos, los cuales han comentado las aúreas palabras de sus maestros con gran rigor, de acuerdo a la tradición, y han añadido lo que se daba a su visión más allá, lo que en árabe se conoce como *baṣīra*, y lo que lo numinoso les revelaba, lo que se conoce como *ma'rifa*. Sin ir más lejos, en lugares como el Magreb, África occidental o el subcontinente indio, podemos encontrar este sufismo, tan cercano al que Ibn 'Arabī vivió y del que él es, claramente, inspirador.

El islamólogo, más que un experto en literatura, a veces, debería ser un etnólogo y aventurarse a buscar qué queda hoy de todo eso que estudia. Se sorprendería al comprobar que Ibn 'Arabī y su escuela siguen vivos por todo el mundo en una tradición que emula y renueva las enseñanzas del maestro. Las vías (*ṭuruq*) contemporáneas esconden mucha vida espiritual activa, trasmitiendo textos centenarios que desembocan en una sola cosa: vivir en equilibrio entre la tradición (*Sunna*) del profeta Muhammad y la dinámica de la multiplicidad del mundo, que a veces parece contradictoria. Algo que Ibn 'Arabī sabía bastante bien y plasmaba en cada una de sus obras.

Sirvan estas breves palabras como preludio y, a la vez, como advertencia, al libro que presento: *Risālat Rūḥ al-Quds* (*Epístola del Espíritu de la Santidad)* de Ibn 'Arabī. Un pequeño texto, originalmente una carta extensa, con grandes posibilidades hermenéuticas porque, como en toda la obra del místico murciano, las aperturas simbólicas son ilimitadas.

Este texto se conoce por su parte central, las biografías de los maestros y maestras de Ibn 'Arabī; sin embargo, es un texto muy sugerente —más allá de los relatos extraordinarios que pueda presentar— para cualquier persona interesada en la historia de al-Ándalus y, en concreto, en su historia intelectual. Aquí, por ejemplo, aparece una crítica durísima por parte de Ibn 'Arabī —en la sección primera— al sufismo oriental o xarquí y, en concreto, al uso de elementos estéticos, como el canto o las bellas vestimentas durante los rituales propios de la vía. El tono y la crítica de Ibn 'Arabī podríamos encontrarlos en muchos maestros sufíes africanos o asiáticos actuales que critican, exactamente, lo mismo que el *Šayj al-Akbar*: la externalidad y el evento social frente a la vivencia de la hierofanía. Por eso, este texto tiene gran valor no solo para los medievalistas e interesados en la historia de al-Ándalus, sino para los interesados en islam contemporáneo. Toda la carta, destinada a un buen amigo tunecino, es una contestación de Ibn 'Arabī frente a un maestro egipcio que le dijo que en el Magreb no había un sufismo como allí. Ello nos lleva a una exposición de la «crisis religiosa» que se vivía en la época —y que parece no haber desaparecido aún— y sus propuestas para sortearlas. El riesgo es que el *dīn*, esa experiencia de totalidad espiritual que representa el islam, se acabe convirtiendo en una vivencia estética, de apariencia, sin fondo profundo ni experiencia teofánica. Ibn 'Arabī no es moralista, pero avisa del riesgo que ello conlleva para una comprensión profunda de la realidad (*ḥaqīqa*). Como contrapunto, Ibn 'Arabī nos cuenta las vidas de algunos de sus maestros, personajes singulares y llenos de riqueza espiritual y desconcertante sabiduría. Puede sorprender que todas las narraciones de Ibn 'Arabī se articulen siempre desde el Corán y la Sunna (tradición del Profeta): todas están fundadas en transmisiones legitimadas de maestro a discípulo y ninguna corrompe la *sharía*, la ley islámica dada por Allāh. Si bien esto lo discutiremos, un poco más adelante, en el estudio introductorio, es una pieza clave del texto. No hay nada que diga Ibn 'Arabī en este texto que contradiga a la sharía y a la teología (*kalām*) más aceptada en la época. Para un lector profano en el campo de los estudios akbaríes puede resultar un poco desconcertante, al principio, la imagen de este Ibn 'Arabī; sin embargo, si leemos otras obras suyas importantes como *Fuṣūṣ al-ḥikam (Los engarces de las sabidurías)* o su magna obra *al-Futūḥāt al-makkiyya (Las aperturas de La Meca)*, encontramos la misma actitud. El ser humano no puede prescindir de las reglas de la *sharía*, pero tampoco puede permitirse no experimentar los regalos, en forma de hierofanías, que Allāh le ofrece.

De ese modo, traemos al lector un clásico, aparentemente sencillo, para que saboree la sabiduría del *Šayj al-Akbar*. La decisión de reeditar esta bella y clásica traducción de Miguel Asín Palacios corresponde al director de la colección, Pablo Beneito, quien contactó conmigo para editarla y actualizarla con un estudio introductorio y un aparato crítico de acuerdo a las tendencias de la islamología actual. La edición y traducción original está realizada en un bellísimo castellano, pero tiene algunas carencias que he intentado subsanar, como explico en la nota de edición. Se trata de un texto fundamental y fundacional del renacimiento akbarí (*akbarian renaissance*) que devolvió a Occidente el pensamiento de Ibn ʻArabī, pues Asín Palacios junto con R. A. Nicholson y H. S. Nyberg son los principales artífices —con todas sus limitaciones hermenéuticas— del interés contemporáneo por el maestro murciano. Por ello, hemos optado por que este texto pueda usarse como si fuese copia fiel del original y hemos incluido la numeración original de la edición de 1933, publicada por las Escuelas de Estudios Árabes de Madrid y Granada, entre corchetes. Así, el lector podrá seguir tanto el libro original como las adiciones que he incluido para actualizar la traducción.

Este fue uno de los primeros libros que leí de Ibn ʻArabī, tanto en español como en árabe, y lo he vuelto a releer durante años. Lo leí intensamente durante mi tesis doctoral, yendo y viniendo de África. Siempre me ha inspirado e, incluso, en mis trabajos de campo, he podido reconocer algunos personajes de los que Ibn ʻArabī habla, como si de arquetipos se tratara, en maestros contemporáneos del Magreb y el Sahel. De todas las biografías, una me impactó sobre todas, la de ʻAbd Allāh el Sastre o el alpargatero —la biografía número veintidós—, en la cual Ibn ʻArabī descubre, en la sonrisa de un niño mendigo, que él, al compararse con el niño, no tiene aún el nivel espiritual suficiente. Un instante que se hace eterno y el muchacho desapareció para siempre. Tiempo después supe que la mezquita a la que hace referencia está debajo de la iglesia del Salvador en Sevilla. Muchas veces he ido allí y me he imaginado la escena, llegando incluso a vivirla. A este pequeño libro debo esta experiencia de imaginación activa —siguiendo a C. G. Jung— que yo he tomado como mía. Entienda el lector lo que este libro significa para mí. Por eso, no es una casualidad que ahora sea yo el editor de este texto y que haya podido trabajarlo con profundidad dedicándole horas que me han sabido a poco. Lo cierto es que me hubiese gustado hacer mi propia traducción crítica de este texto, algo que espero tener ocasión de hacer en el futuro.

Por último, debo agradecer a Manuel Pimentel la confianza que siempre pone en mí para estos proyectos de edición de obras que nadie se atreve a editar; a Ángeles López, mi editora, que siempre tiene paciencia para aguantarme y trabajar en todas estas aventuras conmigo, y a Pablo Beneito, director de la colección HU, por proponerme realizar esta edición ofreciéndome la oportunidad de que este título pueda ser leído por más gente. Agradezco también a Salma Garaudy, que representa como pocas personas la *baraka* de algunos personajes del libro (aún recuerdo su sonrisa al enterarse en su casa de Córdoba de que realizaría una edición del texto) y , como siempre, a mi esposa, Humera, a quien le robo el tiempo que ella me devuelve con la sabiduría de la tradición.

Mi último consejo al lector profano que tiene en sus manos el libro —al académico y al iniciado poco tengo que decirles— es que lea con calma y sosiego, que imagine las escenas que describe el *Šayj al-Akbar* y las viva junto a él; que comprenda la tradición que narra Ibn ʻArabī; que sienta que el equilibrio entre la sharía y la hierofanía es la base de una vida plena y que no tema a viajar, sea donde sea, como hizo Ibn ʻArabī. Así se siembra para cosechar el paraíso.

Antonio de Diego González
Málaga, 14 de Raŷab de 1445h / 2024

ACERCA DEL SISTEMA DE TRANSLITERACIÓN

En esta edición se ha seguido el sistema de transcripción más habitual en textos de lengua española (seguido en la revista *AL-QANṬARA*, C. S. I. C., Madrid) –actualizando pues el sistema utilizado por Asín Palacios en su traducción-, que transcribe las letras del alfabeto árabe de este modo:

(ء) ' - (ب) b - (ت) t - (ث) ṯ - (ج) ŷ - (ح) ḥ - (خ) j - (د) d - (ذ) ḏ - (ر) r
- (ز) z - (س) s - (ش) š - (ص) ṣ - (ض) ḍ - (ط) ṭ - (ظ) ẓ - (ع) ' - (غ) g
- (ف) f - (ق) q - (ك) k - (ل) l - (م) m - (ن) n - (ه) h - (و) w - (ي) y

Hamza inicial no se transcribe; *tā' marbūṭa*: a (en estado absoluto), *at* (en estado constructo); artículo: *al-* o *l-* (precedido de palabra terminada en vocal); vocales breves: *a, i, u*; vocales largas ā, ī, ū; diptongos: *ay, aw*; *alif maqṣūra*: à; a final de palabra aislada las secuencias -*uww*, -*iyy* se transcriben ū, ī respectivamente.

ESTUDIO INTRODUCTORIO

SUFISMO: NUEVAS PROPUESTAS METODOLÓGICAS

El sufismo representa un campo interesante de estudio dentro de la historia intelectual andalusí. Nos da las claves para pensar esas transformaciones no solo en los modelos de pensamiento, sino también en las formas de espiritualidad. Es, igualmente, un indicador para elaborar una historia global, las conexiones entre el mundo islámico, el comercio de libros y el intercambio de ideas, las corrientes cultas y la devocionalidad se entremezclan con visiones teofánicas que acaecen sin discriminación a los sujetos que nos las narran. En esta época una de esas visiones sobrevenidas era capaz de generar un libro cuyo contenido provenía de «material imaginal», como, por ejemplo, ocurre en el *Fuṣūṣ al-ḥikam (Los engarces de las sabidurías)* de Ibn ʻArabī[1]. Pensamiento hecho desde la imaginación. Un caso que no es único, pero sí paradigmático, y que supone un reto para muchos historiadores de la filosofía, por ejemplo, que no se contentan con las delimitaciones de los manua les clásicos. Aunque en estos autores sufíes los modelos racionales y de inspiración clásica, neoplatónicos y neoaristotélicos, pueden

1 Recientemente he escrito un texto donde intento explicar el problema epistemológico que representa esta obra y las formas de interpretación desde la historiografía de la filosofía. Véase De Diego González, 2024.

tener peso, la clave está en las experiencias en las que los sujetos desafían las leyes de la lógica, del discurso, intentando dar un sentido al absoluto. Las categorías acaban saltando por los aires, y los símbolos, las visiones y el desbordamiento de la imaginación acaban por dominar un discurso que, a veces, torna en silencio.

Frente al tradicional estudio de la filosofía islámica de origen griego, la *falsafa*, el estudio del sufismo abre muchas más puertas que la de la historia de la filosofía y la filología ofrecen, más allá de lo textual, pues permite entrar en un terreno donde se busca una intersección entre la hermenéutica, el estudio del esoterismo, las ciencias de la religión, el simbolismo o la psicología profunda. Al ser la base del sufismo una experiencia simbólica, su interpretación ofrece mil caras para aproximarse, así cada símbolo se despliega ante el intérprete de forma fascinante.

En los últimos años han convergido diferentes formas de aproximarse al fenómeno del sufismo; algunas son más historiográficas; otras más hermenéuticas, pero los autores contemporáneos han superado los tópicos impuestos por el arabismo de primeros y mediados del siglo pasado, aquel extremadamente preocupado por los textos y no por la vivencia del islam. Corbin, Von Franz, Hillman, Schimmel o Izutsu se han preocupado de acercarse con otros ojos a este mundo, abriendo nuevas posibilidades de lectura, pero también de contemplación de los símbolos que los autores sufíes ofrecen.

Uno de los mayores retos para todos aquellos que estudiamos el sufismo está en ir más allá de los textos y su finitud. Por ejemplo, en la antropología contemporánea se ha propuesto «el giro ontológico», que han encabezado, entre otros, Viveiros de Castro (2010) y Martin Holbraad (2022), propugnando volver a repensar las ontologías existentes en los sistemas no occidentales, especialmente aquellas que desbordan nuestra capacidad de comprensión. Los investigadores que se dedican a la historia intelectual de culturas no modernas deberían ser capaces de comprender profundamente esas ontologías y no dejarse caer en las redes del orientalismo o de la fetichización cultural. Las explicaciones no suelen ser como creemos desde nuestras lógicas, sino que hay que dejar hablar a esas culturas.

El texto es una herramienta —quizás la única que ha sobrevivido en algunos casos—, pero no podemos apostarlo todo a él. La pervivencia, reinterpretación o vigencia de lo que ese texto dice a día de hoy en la sociedad musulmana debe ser un indicador que puede llevarnos a no caer en las trampas de la modernidad. Por ejemplo, la falta de elementos textuales ha hecho pensar a muchos autores que las ideas de Ibn 'Arabī nunca llegaron a ser comprendidas al sur del Sahara; sin embargo, en un reciente artículo discutía esa percepción y mostraba con cierta parte de trabajo de campo y un análisis más profundo que esa opinión no era acertada y que se sostenía en una lectura colonial y prejuiciosa de su época[2]. Muchas veces creemos que las transmisiones deben ser limpias y citadas, como hacemos nosotros en el mundo académico, pero en la realidad el mundo no funciona así. En el mundo islámico, y en la mayoría de los mundos tradicionales, los autores como Ibn 'Arabī son apropiados y reapropiados, se juega con ellos, se les interpreta, se les traduce. La pretensión de cientificidad sobre un autor y su texto no existe, al contrario, se le introduce en el imaginario de quien lo necesita o quien le puede dar voz. Ibn 'Arabī no es solo uno, es también cada una de las interpretaciones que se hacen de él. Y así Ibn 'Arabī también habla en boca de sus maestros y los reimagina, como ocurre en este libro.

Esa no-existencia de una única interpretación verdadera hace que la propuesta de los antropólogos del «giro ontológico» tenga más sentido. Cada uno se acerca a estos autores con una mirada, pero hay que jugar a su ontología y dejarse poseer por ella, porque, si no, la razón asfixiará al lector, al investigador o al curioso y le hará desistir de su lectura.

De hecho, para realizar una valoración profunda del sufismo debería tenerse en cuenta tanto el aspecto historiográfico como el simbólico. Este primero no puede sino hacerse desde el uso de la historia global, viendo los procesos de globalización de la cultura y sus dinámicas. Esto es una parte importante en la definición de la episteme, es decir, la relación entre saber y poder, como nos haría ver Michel Foucault en su *Arqueología del saber* (1970), para saber cómo los otros pensaban y cómo podían articular sus modos de pensamiento. No es casualidad ni aleatorio que la base intelectual del sufismo sea la filosofía neoplatónica (Proclo, Jámblico

2 Véase De Diego González, 2022.

o Plotino), filtrada a través de los Hermanos de la Pureza, como tampoco son casualidad los grandes intercambios intelectuales que se produjeron en las rutas que tenían La Meca como centro. Como explica Sara Stroumsa, es imposible aspirar a una historia completa o sistemática, y más aún por el separatismo con el que se estudian las manifestaciones intelectuales de esta época[3]. Tendemos a pensar que los sujetos vivían separados por identidades herméticas y que no había un conocimiento.

Por ello, es necesario hablar de que en este contexto triunfa lo *islamicate* —aquella cultura que está islamizada pero que no es necesariamente musulmana—, un recurso que evitaría el creer en excepcionalidades intelectuales. Lo *islamicate* permite que un no-musulmán islamizado, como un intelectual judío o cristiano, comparta la misma episteme, fuentes, códigos y formas de comprender intelectualmente la realidad. Y lo mismo a la inversa, los musulmanes pueden leer autores griegos y asimilarlos una vez traducidos. Así, para un autor sufí del siglo XII está presente el legado del hermetismo o de Proclo sin que necesariamente sea consciente de ello o tenga que citarlo. Se trata de un contacto frecuente y de una permeación mutua por los viajes o por la curiosidad intelectual. Sin embargo, nuestra episteme moderna nos exige que digamos de dónde tomamos todo, cuál es nuestro itinerario intelectual; sin embargo, ellos no tenían por qué decirlo y, si lo mencionaban —como ocurre con Ibn 'Arabī— era bajo argumento *ad autoritatem*, de legitimación. El nombre de Platón o de Aristóteles —hubiera o no escrito eso— era suficiente para justificar una doctrina oída durante generaciones. Algo que convivía con una visión, la cual podía enseñarles los misterios más arcanos.

El sufismo heredó esta forma de conocer y hace pervivir la Antigüedad tardía y su tradición durante la Edad Media, porque el islam le debe su maduración intelectual a este periodo, y de ahí su éxito, su universalidad, su cosmopolitismo. Y, una vez logrado esto, se va modulando culturalmente a los entornos en los que convive. Pero ¿cuál es el gran secreto del sufismo para realizar todo esto?

Claramente es su capacidad simbólica, su inherente hermenéutica y las posibilidades que tiene para explicar la multiplicidad y

3 Stroumsa, 2023, p. 35.

llevarla hacia la unidad. El sufismo se hace consciente de la complejidad de la ontología cotidiana e intenta explicarla con la dupla exotérico y esotérico, la ley y la gnosis. A veces, con un resultado pulcro y controlado; otras veces, desbordado por un amor inflamado que hace perder el control. Sea como sea, se vuelve una experiencia compleja para quien quiere transitar este camino.

Esta parte simbólica es la que necesita de un análisis profundo para incorporarla dentro de la historia intelectual. Aceptado como premisa una ontología afín, el interesado puede descubrir jerarquías, nombres, secretos, la ciencia de las letras o los significados ocultos del ritual. Partes fundamentales que para el sufí crean una cosmografía con la que orientarse por la creación. Y ahí vuelven a tomar sentido los métodos académicos del primer grupo. Si comprendemos las dinámicas culturas, todo comienza a relacionarse entre sí desplegando su sentido por encima de los significados. El valor del patrimonio intelectual sufí no es su belleza ni su originalidad, sino su capacidad de evocar y transformar al sujeto. Lo mismo que a Jung y a Von Franz les fascinaba la alquimia, esto lo puede ofrecer el sufismo.

La experiencia hierofánica —que se conoce en árabe como *taŷallī*— es el gran desafío para los islamólogos porque ante nosotros, y nuestra modernidad, se plantea como ficción, pero ¿y si desde otra ontología fuese fundamento de Realidad? ¿Deberíamos considerar a Ibn ʻArabī como un autor de ficción o un literato? ¿O es un filósofo hablando de otros mundos?

Henry Corbin en *La imaginación creadora en el sufismo de Ibn Arabi* (2023) advertía que Ibn ʻArabī no era un pensador común y, por supuesto, invitaba a huir de categorías tradicionales de la historiografía filosófica para explicar sobre su pensamiento.[4] La actitud de Corbin era profundamente reactiva a las visiones sistematizadoras que anulaban la hermenéutica del análisis y planteaban una objetividad científica y textual. La obra akbarí rompe, continuamente, con los límites lógicos sin romper con los de su propia episteme, lo cual es fascinante porque Ibn ʻArabī busca el mejor espacio para modular su discurso y desarrollar su propuesta meta-

4 Corbin, 2023, p. 15

física desde la que se despliega toda su cosmovisión. Pero ello no quiere decir que su visión o su forma de pensar sea heterodoxa. Desde luego, hay que considerar la cuestión de la ortodoxia en el islam, y en particular en el sufismo, como un problema y unas categorías dispuestas por autores occidentales más que por la propia tradición islámica. Un debate generado por los orientalistas europeos —este libro que presentamos contiene una interpretación similar— que proyectaba sobre los autores místicos una suerte de juicio moral. El islamólogo alemán Ruddiger Seeseman ha estudiado este problema en su libro *The Divine Flood. Ibrahim Niasse and the Roots of a Twentieth-Century Sufi Revivalism,* que trata sobre la figura y el pensamiento de un importante maestro espiritual senegalés, Ibrahim Niasse (1900-1975). Niasse era criticado por los islamistas y salafistas por estar «fuera de la ortodoxia» y, en no pocos casos, «fuera del islam». El estudio de Seesemann sobre las fuentes primarias y con un análisis profundo de la doctrina concluía, de forma brillante, el riesgo que entrañaba este tipo de juicios porque, en el contexto de la tradición, Niasse la cumplía y eran los otros, salafistas e islamistas, quienes se habían apartado de la Sunna y el Corán que clamaban defender. A juicio de Seesemann, la ortodoxia no existía en los planteamientos islamistas, que procedían de las lecturas orientalistas, y, sin embargo, el sufismo al que pertenecía Niasse había sido mucho más fiel en la guarda de la doctrina y en la gestión del derecho islámico que los pretendidos «ortodoxos». Este es un ejemplo del problema que puede suponer superponer ideologías y creencias, que tienen vocación de unívocas y dogmáticas, frente a otras en el terreno espiritual.

Este pequeño excurso de sufismo contemporáneo debe servir, en mi opinión, para estar advertidos frente a aquellos que contraponen el sufismo como la heterodoxia y el librepensamiento frente a un islam dominado por la *sharía* y el literalismo. Es un error bastante común pensar en esto, puesto que es una creación relativamente contemporánea, como mostré en mi libro *Populismo islámico*[5]. Y, de hecho, en este libro de Ibn ʻArabī que estamos presentando, esta

5 Véase De Diego González, 2020, pp. 83-96.

misma problemática es el núcleo del libro. ¿Podríamos comprender mejor el islam contemporáneo desde el pasado? O ¿es al revés?

Preguntas que se abren para que podamos pensar qué valor tienen las enseñanzas de estos autores, si es solo un valor histórico o pueden enseñarnos algo más. La metodología de análisis que aquí esbozo permite disfrutar un poco más del modelo de pensamiento y considerarlo como un pensamiento abierto al diálogo con la filosofía contemporánea. De hecho, deberíamos aprender a leer en ambas direcciones y buscar en discursos como los de Ibn 'Arabī una forma de huir de las ideologías, que es lo realmente peligroso. Porque los sufíes han podido evolucionar, modularse o explorar otros temas, pero jamás han dejado de creer en la metafísica como el fundamento. Y de eso se trata: buscar la multiplicidad en la unidad, viajar sin fin hasta encontrarlo y sin creernos que una de las sombras de lo múltiple es lo absoluto. De eso nos hablará Ibn 'Arabī más allá de su propio texto.

LA *RISĀLAT RŪḤ AL-QUDS,* EL CONTEXTO HISTÓRICO Y SU VALOR PARA LA HISTORIA INTELECTUAL Y LA FILOSOFÍA ANDALUSÍ

La *Risālat Rūḥ al-quds (Epístola de la Santidad)* es un texto muy interesante, pero al que se le ha prestado poca atención por considerarlo menor. Se trata de una carta extensa destinada a su amigo y maestro Abū Muḥammad 'Abd al-'Azīz al-Mahdawī, en la que Ibn 'Arabī comenta a su amigo la crítica al sufismo oriental o xarquí frente al magrebí. Es un escrito, en La Meca, que ya no es de juventud, pero en el que Ibn 'Arabī recuerda su adolescencia y primera juventud en Andalucía desde una mirada de sus maestros. Es probablemente una de las mejores fuentes que narren el desarrollo y las líneas de pensamiento del sufismo almohade. Aunque habitualmente se le ha dado mucha importancia a lo anecdótico de las biografías, no está ahí su núcleo de interés.

Una lectura sosegada sitúa el problema que expone el texto en la defensa del sufismo magrebí frente a un sufismo xarquí y una crítica a la decadencia espiritual que este sufre. Es interesante, porque este tema representa un tropo común en los tratados de sufismo de la época. Ibn 'Arabī se muestra muy molesto por la excesiva culturalización de la vía espiritual y por su paulatina estetización, criticando con fuerza a los sufíes que ha encontrado en Egipto.[6]

Hay que señalar esto porque Ibn ʻArabī tiene una fuerte impronta del contexto intelectual almohade. Stroumsa ha sintetizado muy bien este desarrollo[7] en el cual el pensamiento del Magreb mostraba cierta hostilidad contra el racionalismo y la *falsafa*, en particular el aristotelismo y el naturalismo, y apostaba por la crítica de al-Gazālī en favor de una antropología más trascendental y de una comprensión profunda de la espiritualidad islámica que, a su modo, coincidía con los principios de Ibn Tūmart. La decadencia espiritual y el fin de los tiempos serían otros de los temas favoritos en esta época y que Ibn ʻArabī aprovechará en este y otros libros. Es por ello que Ibn ʻArabī no pierde su educación almohade y, si bien se presenta alejado de algunas de sus posturas, comparte otras. Esas son las que configuran su pensamiento de una forma especial y le hacen oscilar entre la mística y el apego al ritual. El neoplatonismo akbarí es más ambiental, aunque con mucha penetración en sus esquemas intelectuales, que consciente heredado, posiblemente de los autores neoplatónicos de Andalucía y Zaragoza (Maslama al-Qurṭubī, al-Baṭalyawsī, Ibn al-ʻArīf, Ibn Gabirol) durante la época almorávide. Esto pudo incluir la lectura directa o indirecta de la *Teología* del Pseudo-Aristóteles, que no era sino una síntesis de *Las Enéadas* de Plotino, traducidas al árabe. Esto es importante porque Ibn ʻArabī reimagina por completo las jerarquías y las categorías neoplatónicas, además del hermetismo y el simbolismo, frente al naturalismo aristotélico. Y así lo aplica al plano metafísico, al físico y al antropológico. En materia jurídica su base es malikí, pero con el gusto almohade del *iŷtihād* y de *šarīaʻ wa-ḥaqīqa* (ley y realidad), que él en la *Risālat Rūḥ al-quds* identifica como *ḥaqīqa wa-ṭarīqa* (realidad y método). Las decisiones jurídicas podrían venir a través de la *maʻrifa* (conocimiento divino), las fuentes divinas, como las denomina Stroumsa[8]. Ibn ʻArabī expone en este texto varias veces este concepto que será

6 *Risālat Rūḥ al-quds*, pp. 18-24. Para las citas del texto usaré la numeración original, que mantenemos en esta edición en corchetes [] dentro del texto.

7 Stroumsa, 2023, pp. 196 y ss.

8 Stroumsa, 2023, p. 190.

central en su pensamiento y constituirá una de las aportaciones, quizás la más importante, de su legado al mundo islámico posterior. Prácticamente todo el sufismo contemporáneo, conocido como neosufismo, se articula bajo esta premisa. Se trata del balance entre un conocimiento legal y otro inspirado. Recordemos que en su juventud Ibn 'Arabī se dio cuenta de la importancia de la Sunna a través de un sueño[9]. Esto no es una novedad, pues, como Addas cita, se la había enseñado su primer maestro al-'Uraybī.[10] Un equilibrio que permitiría restablecer la paz y la justicia del mundo.

Por eso, en nuestro texto dice así Ibn 'Arabī sobre el problema de la *ḥaqīqa* (realidad) y la *ṭarīqa* (método):

> Desde el primer momento que llegué a estas tierras, pregunté por la gente de este método de vida ejemplar [los sufíes...] ... Condujéronme a cierta comunidad de sufíes que vivían juntos en un cenobio de altos muros y ancho patio; en seguida advertí que la meta de sus aspiraciones y el blanco de sus anhelos cifrábase en llevar bien limpios sus hábitos y más aún los llamativos colorines de las fimbrias de sus túnicas, y en traer bien peinadas sus barbas. Esto no obstante, pretendían que la gente del Magreb son gente de *realidad* sin *método*, mientras que ellos, por el contrario, son gente de *método* sin *realidad*. Esta sola frase basta para evidenciar, sin más, el error en que están, puesto que a la realidad no cabe llegar, sino después de haber logrado la práctica del método... Angustiosos son, ¡oh amigo!, los días en que vivimos: en ellos el intrigante es audaz y el tirano es tenaz; días son de sabios malvados, que sólo estudian para buscar qué comer; de gobernantes injustos, que dan sus sentencias sobre aquello que ignoran; de sufíes sospechosos, que sólo en los bienes de acá abajo encuentran su deleite: en el fondo de sus corazones tienen al mundo por tan grande cosa, que no creen haya sobre él nada digno de ser buscado.[11]

Ibn 'Arabī entendía el sufismo de esta forma, una experiencia privada, personal, en la que se comparte la vía (*ṭarīqa*), pero en la que la experiencia última, la realidad (*ḥaqīqa*), es individual. Una expe-

9 Addas, 1993, pp. 41-42.

10 Addas, 1993, p. 39.

11 *Risālat Rūḥ al-quds*, pp. 18-19.

riencia entre aquel que conoce (*'ārif*) y lo divino. El camino es compartido, pero, a menudo, es una experiencia que conduce a la perplejidad o al retiro. Los sujetos se encuentran en la vivencia del ritual, en el intercambio de conocimientos, en el cambio de sentimientos, pero su vivencia de la hierofanía es solipsista. De hecho, la conexión de Ibn 'Arabī con otros maestros no suele ser con palabras, sino con actitudes, miradas o sonrisas. No hay una comprensión racional del instante hierofánico, sino que queda en el interior de la persona.

Por eso, en este libro hay una crítica muy grande al materialismo y al sensismo frente a un espiritualismo que se plantea como una necesaria salida epistemológica. Es en la interioridad donde se vive la experiencia, pero también donde se lidia la peor de las batallas (*al-ŷihād al-akbar*), la que enfrenta al individuo con su ego. Es el terreno propio de la imaginación, donde poco o nada tienen que hacer los sentidos. De ahí su crítica —en un tono cuasi platónico— al canto religioso (*samā'*) que varias *ṭuruq* sufíes, desde el siglo X, habían introducido en el mundo xarquí. La crisis espiritual vendría al haber cambiado lo trascendental por copias miméticas reproducidas por los sentidos. Ibn 'Arabī expone que el conocimiento ordinario, el dado a los sentidos, es limitado y finito frente al conocimiento divino, del que el Corán representa la quintaesencia, y por lo tanto nada puede ser comparado a él.[12] Ibn 'Arabī cree, como muchos de sus contemporáneos, que la solución es un retorno a los valores del Profeta y sus compañeros, y que el sufismo debería tomar ese rol. Un retorno al ritual, a la pureza, a estar abierto a las hierofanías, a la justicia y al poner en el centro el conocimiento de lo divino.[13] Su crítica al canto religioso no es puritanismo, sino una advertencia por la distracción de la hierofanía cotidiana, de la recitación del Corán.

Sorprende que un afamado poeta como Ibn 'Arabī diga esto, pero tiene bastante sentido. El poema se veía en la episteme islámica como un dispositivo o una herramienta para sintetizar conocimiento. Ayuda a esquematizar y memorizar. De lo que advierte Ibn 'Arabī es que no se utilice como fin, que no se le dote de un valor especial; en otras palabras, que lo estético o lo práctico no subyugen

12 *Risālat Rūḥ al-quds*, p. 32.

13 *Risālat Rūḥ al-quds*, p. 34.

a la verdad metafísica. El riesgo mayor que se presenta es la idolatría ante la belleza y la finitud de las palabras y el olvido de que eso proviene de Allāh. De hecho, merece la pena leer a Ibn 'Arabī y su digresión sobre la azalá al respecto.[14] La poesía, ni cualquier otra expresión de la subjetividad humana, no debe —según Ibn 'Arabī— convertirse en el centro de la experiencia espiritual, ni desplazar al ritual en sí. Por eso, este texto es tan interesante para reubicar a Ibn 'Arabī más allá de la imagen naif que mucha gente tiene de él y de su planteamiento. Él es un hijo de la episteme de su tiempo y sobre todo posee el sello de la educación almohade en tanto prefiere el desvelamiento (*kašf*) frente a la razón y los sentidos.

El Magreb, al menos en el imaginario almohade que hereda Ibn 'Arabī, se presenta como una tierra de ley, pero también de gnosis. Un espacio que intenta mostrar que el ritual estricto y la experiencia extraordinaria pueden convivir en tiempos de crisis. Frente a la razón, se opta por una búsqueda interior y por una purificación que ayude a conseguir una metapolítica. Y es que esta es una palabra clave para poder entender al propio Ibn 'Arabī, quien se muestra alejado y crítico con la política mundana, pero tiene una extensa obra en la que rezuma metapolítica. Una política fundada en la estructura metafísica, en un plano distinto. Las biografías posteriores, y todas sus anécdotas, refuerzan el planteamiento que Ibn 'Arabī expone a su amigo y maestro 'Abd al-'Azīz al-Mahdawī.

ESCRIBIR SOBRE LOS *AWLIYĀ'*: LOS MAESTROS ANDALUSÍES DE IBN 'ARABĪ

La hagiografía, o el escribir sobre personajes relevantes espiritualmente es un terreno complejo. Principalmente porque en él se produce un cruce entre lo subjetivo y lo objetivo. Es verdad que Ibn 'Arabī no busca especialmente escribir historia objetiva, sino que intenta, a través de sus maestros, mostrar las virtudes de la vía espiritual magrebí en conmtraste con la xarquí. Posiciona su forma de ver el sufismo y la forma de experienciarlo sobre otras.

14 *Risālat Rūḥ al-quds*, pp. 35-38

Estas narraciones que componen el cuerpo principal de la edición de Asín, pues él cree que su contenido es más importante que las discusiones doctrinales, son testimonios muy interesantes para comprender las dinámicas internas del sufismo en tiempos de los almohades. Los textos presentan un sufismo cosmopolita, construido entre las principales ciudades andalusíes y algunos núcleos rurales, de personajes diversos, pero siempre —según narra Ibn 'Arabī— con un fuerte celo por la *sharía* (*šarī'a*) sin desdeñar la gnosis que pudiera recibir en privado, durante su trabajo espiritual. Ibn 'Arabī habla desde la corrección y el respeto, y se apoya en anécdotas que se transforman en bellos símbolos —aún más en el original árabe que en la traducción— muy sugerentes para su lector.

Así constituye el centro de la experiencia del sufismo en la figura del *walī*, a menudo mal traducido como «santo, el íntimo o el amigo de Allāh que puede acceder a la realidad (*ḥaqīqa*)». El *walī* constituye el núcleo de la experiencia espiritual en el Magreb con —como señalan autores como Vicent Cornell (2010)— una clara proyección de poder y autoridad que lo han convertido en un personaje clave. Es mediador, portador de la *baraka*, consejero e incluso vidente; lleva razón en asuntos terrenales y espirituales, aunque no sea lógica, y representa una desconcertante ortopraxis a los ojos de las personas corrientes. En entornos urbanos se presenta como un crítico del poder terrenal; en espacios rurales se convierte en un personaje que aglutina sobre sí el conocimiento y la *baraka*. Eso es, realmente, lo que les confiere a ellos autoridad frente al resto de gente y los convierte en excepcionales.

Las descripciones que presenta Ibn 'Arabī, a lo largo de su texto, son interesantísimas, pues nos muestra un largo y diverso catálogo de personajes que a él le influyeron y lo construyeron. Por ejemplo, hay una clara contraposición con el «falso sufí» que señala en el texto anteriormente[15] frente a estos maestros que actúan con bastante certeza (*yaqīn*). El auténtico maestro no es de apariencia, sino de espíritu. En ese sentido aparece la idea del *walī* incógnito, el cual no habla y no muestra su estado espiritual a nadie. Se construye como un estado privado, más allá de la apa-

---

15 *Risālat Rūḥ al-quds*, pp. 38-39.

riencia y solo accesible por la sinceridad a los que él o ella consideran como iguales.

La episteme sobre la que se construye este sufismo es bastante clara. Es un sufismo basado en el marco intelectual almohade que, anteriormente, he explicado al caracterizar a Ibn 'Arabī. Hay una sensación generalizada de decadencia, de advenimiento del fin y, sobre todo, una certeza de que hace falta purificación. El conocimiento divino (*ma'rifa*) y el reconocimiento de este en las hierofanías (*taŷallī*) proporcionan esa purificación que libera de la esclavitud del mundo de las formas. Así, los maestros que describe Ibn 'Arabī en estas páginas aparecen despiertos ante el mundo, aplicando esa *šarī'a wa-ḥaqīqa* (ley y realidad) que les permite ser creyentes plenos. En pleno contexto almohade, la mayoría prefiere adoptar posturas intelectuales cercanas al *iŷtihād* con una fuerte malikí y a la teología (*'aqīda*) *aš'arī*. En este sentido, tanto Ibn 'Arabī y sus maestros construyen el modelo de sufismo que ha perdurado —con algunos mínimos cambios— en el Magreb a través de sus principales vías sufíes: la *Qādiriyya*, la *Šāḏiliyya* y, más recientemente, la *Tiŷāniyya*.[16] Un sufismo basado en el equilibrio exotérico-esotérico y en la autoridad según el conocimiento.

Pero, a pesar de la actitud más intelectual de Ibn 'Arabī, este no es un sufismo dispuesto sobre lo discursivo, sino que se presenta como performativo, es decir, la acción performática tiene más valor que lo intelectual. La mayoría de los autores que cita Ibn 'Arabī no tienen obra escrita ni conservada, apenas hay textos ni se los menciona. Sin embargo, encontramos una preeminencia del rito sobre el discurso. Aparte de todas las azalás obligatorias y supererogatorias, los personajes se aplican en el recuerdo de Allāh (*ḏikr*), ayunos, la recitación del Corán y los eventos excepcionales (*karāmāt*) que ponen en relieve su posición espiritual.

El valor performativo denota en sí algo que es interesante reseñar. Estos sufíes no desdeñan el cuerpo ni el valor de las acciones sobre lo intelectual, una actitud propia en ambientes neoplatónicos. Para ellos la ortopraxis diaria, cumplir con los preceptos

16 Véanse diferentes trabajos sobre la pervivencia de los elementos del sufismo clásico en el contemporáneo, además de la panorámica de Cornell (2010), De Diego González (2018) y El Hour (2020).

ordenados, es central y el cuerpo representa el soporte. Hay en la mayoría de los personajes un interesante equilibrio entre cuerpo y espíritu, porque el espíritu solo puede trabajarse sobre el ritual que ha sido establecido en la Sunna y el Corán. Incluso en el *ŷihād al-aṣgar* (acción armada), que aparece con personajes como Aḥmad b. Hammān o 'Abd Allāh al-Qaṭṭān[17], apreciamos un equilibrio entre lo espiritual y lo físico donde la acción se convierte en purificación —una visión cercana a la doctrina del *ŷihād al-aṣgar* de los siglos XVIII y XIX en el Magreb y África—. De hecho, el texto de Ibn 'Arabī no da muestras de ninguna práctica esotéricas más complejas (teúrgia, uso de elementos especiales o talismanes) reservadas, seguramente, a un nivel iniciático más profundo dentro del ambiente sufí.

Entonces, ¿quién es el sufí perfecto? Sin duda es aquel que imita al profeta Muhammad y es capaz de recibir lo divino en sí. Es aquel que está en paz y equilibrado, aquel que puede contemplar (*mušāhada*) esas hierofanías (*taŷalliyāt*) con las que Allāh se manifiesta. Ibn 'Arabī se cuida de señalar la perfección, pero constantemente nos remite a gente con más nivel que él, maestros que se encuentran en posiciones (*maqāmāt*) y estados espirituales (*aḥwāl*) más avanzados. La perfección es progresiva, pero también es un don que Allāh —algo que aparece en toda la obra de Ibn 'Arabī— otorga a quien quiere. La purificación (*tazkiya*) —al igual que ocurre en el proceso alquímico— transmuta al sujeto hasta lograr que lleguen a Él, superando el velo (*ḥiŷāb*), las diferentes hierofanías. La perfección se busca en los primeros grados, pero después se convierte en un estado de arraigo. Ibn 'Arabī en concreto volverá a este tema con una de sus obras tardías y más importantes: *Fuṣūṣ al-ḥikam (Los engarces de las sabidurías)*. En él las palabras del profeta Muhammad, las experiencias y sabiduría de los profetas, las vivencias de los *awliyā'*, incluida la suya propia, confluyen hasta definir la máxima aspiración de un sufí: volver a ser el ser humano perfecto (*al-insān al-kāmil*). Es en esta obra donde se cierra el proyecto antropológico que con esta exposición de sus maestros inicia. El ser humano vivencia con otros, pero se enfrenta en soledad a su ego (*nafs*). Los maestros solo guían y dan

17 *Risālat Rūḥ al-quds*, pp. 130-136; p. 157.

ejemplos, buenos y malos, para que el discípulo viaje hacia Allāh de la mejor manera posible.

Ibn 'Arabī nos menciona, a lo largo del texto, varios ejemplos de jerarquías espirituales. Propio de la impronta neoplatónica—pues recuerdan profundamente a las jerarquías divinas de Proclo y Pseudo-Dionisio Areopagita— que impregnaba el sufismo de la época, se trata de aplicar un orden al plano no-visible (*gayb*) de forma que se corresponda con el plano material o visible. En el entorno de Ibn 'Arabī, tal y como se nos describe en este libro, nos encontramos con diferentes personajes que conforman la jerarquía de los íntimos de Allāh. Por ejemplo, Abū Ŷa'dūn de Fez[18], un simple *alheñero*, es reconocido por Ibn 'Arabī con unos de los *awtād* o columnas que sostienen la jerarquía mística del universo. También se citan a los siete *abdāl*[19], los siete sustitutos, a quienes se encontró el autor en La Meca y que tendrían una función oculta de auxiliar en la jerarquía del cosmos. Otros *abdāl* que se encontró Ibn 'Arabī fueron Muḥammad b. Ašraf[20]; Mūsà al-Baydarānī[21], amigo íntimo del *del gawṯ* (el auxiliador) Abū Madyan, quien no solía manifestarse, y 'Abd Allāh b. Yājmist[22], de quien amplía su biografía en *al-Durra al-fājira*. Ninguno clama la posición espiritual, pero los demás lo reconocen por sus acciones o por su estado frente a la realidad. Ibn 'Arabī solo apunta algunos datos que serán ampliados en obras posteriores. Hay muchos otros maestros que no aparecen con el título de la jerarquía mística y, sin embargo, exhiben un enorme poder espiritual (*taṣarruf*). Por eso es importante ser conscientes de que para ellos no es central la designación —una de las cosas que critica Ibn 'Arabī de los sufíes xarquíes—, sino el grado de intimidad con lo divino, que es la fuente de su conocimiento (*ma'rifa*), poder y autoridad. En concreto de Mūsà al-Baydaranī se nos cuenta que alcanzó la posición (*maqām*)

18 *Risālat Rūḥ al-quds*, pp. 136-137.

19 *Risāla Rūḥ al-quds*, p. 179.

20 *Risāla Rūḥ al-quds*, pp. 137-140.

21 *Risālat Rūḥ al-quds*, pp. 145-149.

22 *Risālat Rūḥ al-quds*, pp. 166-167.

cuando abandonó sus posesiones y se entregó al *tawakkul* (entrega en Allāh).

Aunque para Ibn ʻArabī las jerarquías son importantes, en este texto él enfatiza mucho más la intimidad (*uns*) que el *walī* tiene con Allāh. Muchos de los maestros descritos son *ummiyyūn*, es decir, aquellos que, aun ni sabiendo leer ni escribir, poseen un conocimiento y una pureza innata, como el profeta Muhammad. Por eso, en la narración de Ibn ʻArabī tiene tanto peso el papel de la *karāma*, la acción prodigiosa. Estos fenómenos sobrenaturales son los que muestran el poder espiritual (*taṣarruf*) de los maestros. Conocimientos que no se aprenden de los libros, acciones que no son lógicas pero que componen el relato. Por ejemplo, encontramos los usos de ciertas partes del Corán para lograr cambiar situaciones o acciones, la telequinesis o un transporte, por ejemplo, casi inmediato a cualquier lugar de la tierra como se narra de al-Baydaranī. La literatura sufí posterior, en particular la magrebí, tendrá muy en cuenta esta visión en textos de referencia como *al-Ḏabab al-Ibrīz* del *šayj al-Dabbāg*.

La *karāma* es un acto que denota el grado de intimidad, pero que no se hace por ostentación, sino que es un regalo para el creyente. Es un acto de misericordia (*raḥma*) que se torna en aprendizaje y en lección. Sin embargo, ninguno de los maestros de Ibn ʻArabī abusan de ello, sino que buscan mostrar símbolos del poder de Allāh en su creación. En este sentido el *walī* no es sino un ejemplo vivo de justicia y orden cósmico. Famosos son, por ejemplo, los episodios contra las injusticias de los alfaquíes o el visir contra estos maestros que se repiten en el libro y que son castigados posteriormente. Al igual que las experiencias visionarias (*ru'ya*) que suponen una confirmación de esa identidad y que ocurren en el mundo imaginal. Por ejemplo, la de Ibn Qassūm, maestro de *sharía* de Ibn ʻArabī, leyendo el *Ṣaḥīḥ* del Bujārī con el profeta Muhammad[23] nos ofrece una experiencia simbólica sin igual. Es la certificación de que aquellas lecciones que él recibía tenían una conexión profunda con el Profeta, quien era el verdadero maestro de Ibn Qassūm. Ibn ʻArabī a lo largo de todo el texto exhibe una gran actividad onírica y visio-

23 *Risālat Rūḥ al-quds*, p. 86.

naria llenos de momentos bellos y complejos que merecerían un texto por sí. Mas la actividad visionaria constituye un importante espacio de reflexión y de hermenéutica sobre todos los símbolos visibles e invisibles que se le presentaban a los maestros y al propio Ibn 'Arabī. Este es, sin duda, uno de los puntos clave del texto porque se muestra la enorme proyectividad de la imaginación en estos maestros espirituales y las posibilidades que con ellas pueden aplicar para su mundo.

Recordemos que la vía de la imaginación y el predominio del símbolo es uno de los elementos clave en la ontología y la episteme akbarí. No se trata de un concepto ficticio ni irreal, sino que como advierte Corbin están más allá de la causalidad histórica y el tiempo cuantitativo.[24] La imaginación creadora (*jayāl*) es la vía para que este mundo cobre sentido y no solo sea una cárcel para el creyente, sino la posibilidad de ver más allá (*baṣīra*) de la propia visión, logrando una cercanía íntima con lo divino. Se trata de una experiencia intuitiva plenamente, involuntaria aunque anhelada y con un componente de riesgo. Sorprende que ninguno de los maestros quiera el estado pero que tampoco lo rechace, como que tampoco teman a la muerte ni la rechacen.

Otra cosa que sorprende en el texto, habida cuenta de que es un tema muy popular en la literatura sufí, es que apenas hay ningún *maŷḏūb* o raptados por Allāh. Este es un estado que, al comienzo del texto, Ibn 'Arabī critica en las sesiones de *ḏikr* del sufismo xarquí y en concreto a las que atañen a su propia experiencia. Así dice Ibn 'Arabī:

> «Entonces, alguno de los presentes, de tan escasa piedad como yo, cubríame con un manto, como para dejarme ya en paz; yo me levantaba luego y me felicitaba de mi rapto, mientras los ángeles del cielo me daban el pésame por la ruina de mi fe y la pérdida de mi razón»[25].

La *ŷaḏba* o el rapto se da en el sufismo cuando la contemplación de la hierofanía deja sin control al que vivencia, y este se queda

24 Corbin, 2023, pp. 256-257.

25 *Risālat Rūḥ al-quds*, p. 35.

«atrapado» o «ebrio» y no puede volver a la realidad. No es una locura porque no se considera una enfermedad, pero la persona queda sin voluntad y comienza a decir cosas sin sentido aparente. Los maestros sufíes advierten de este peligro y recomiendan equilibrarse en el plano exotérico con la *sharía* para prevenir los efectos de este estado. Ante esto, los maestros de Ibn 'Arabī se presentan como guardianes de la ortopraxis, cumpliendo lo establecido y exhibiendo una notable conexión espiritual entre auténticos *'ārifūn bi-Llāh* (conocedores de Dios, gnósticos) a través de la *himma* (energía de conexión). Los maestros espirituales de Ibn 'Arabī tienen control precisamente para no quedarse atrapados y no olvidar que lo importante es el recuerdo (*taḏkira*) de lo divino. Quizás el más bello ejemplo se da con Muḥammad el herrero, quien no dejaba de repetir, a golpe de martillo, *ṣallà Allāhu 'alay-hi wa-sallam* («Que la azalá de Allāh y la paz sean sobre él») en claro ejemplo del recuerdo de lo divino a través del Profeta.

Un último aspecto faltaría al hablar de estos maestros y maestras espirituales, y es la cuestión de género. En el texto se citan a varias mujeres con alto rango de sabiduría, pero dos destacan sobre las demás. Se trata de Šams de Marchena y Fāṭima bint Ibn al-Muṯannà; ambas, consideradas por Ibn 'Arabī como sus maestras. Maestras silenciosas, pero reconocidas por el *Šayj al-Akbar* como puntales para él. Sorprende que se trata de dos mujeres ancianas, pero de gran belleza. La belleza de la que habla Ibn 'Arabī es un reflejo del atributo de la divina belleza (*ŷamāl*). Así es obvio que la belleza que refiere es de naturaleza metafísica y actúa sobre ellas en su completitud. Son mujeres silenciosas, que guardan en secreto sus dones. Ambas tenían una relación muy especial con el Corán y, en concreto, con la *Fātiḥa*, la primera azora. Son claramente el arquetipo de la madre que se manifiesta matricialmente sobre Ibn 'Arabī, quien toma el conocimiento de ellas. Ambas muestran una vida espiritual indescriptible. Los fragmentos que complementan sus biografías narran precisamente esas *karāmāt* (acciones excepcionales), como la posibilidad de interactuar con los genios, el uso de la *himma* o una compasión universal porque todos los seres alcancen el estado de apertura que ellas tenían. Ibn 'Arabī no demuestra ningún demérito a su condición de mujeres y les reconoce plenitud en la vía sufí como a los hombres.

Los *awliyā'* o íntimos de Allāh para Ibn 'Arabī son el centro de la vida espiritual. Ellos representan la manifestación certera de que Allāh quiere que en su creación haya no solo testimonio de su inmensidad, sino accesos a poder entregarse a conocerse a sí mismo y, en última instancia, a Allāh. Pero Ibn 'Arabī deja en este texto muy claro que no se trata de gente libertina, rupturista o anárquica, sino de personas muy disciplinadas y acordes con el Corán y la Sunna, para los que la discreción y el secreto deben primar, sobre todo. El camino es fundamental, pero no puede confundir a los otros de ninguna manera. Las hagiografías que traza Ibn 'Arabī son didácticas, pero también nos recuerdan que lo importante no es la apariencia, sino el estado interior, que puede ser muy distinto a la presencia física. Y este es un elemento central en el mundo almohade donde había un curioso cruce entre milenarismo y opulencia.

Enfrentarse hoy en día no es tan complicado como parece porque hablan de gente que habitaron cerca de nosotros, pero que, sin duda, no tenían nuestras prioridades. La suya estaba centrada en el equilibrio y la ausencia de cualquier miedo que no fuese la conciencia (*taqwà*) hacia Allāh. Una actitud que les hacía libres aun tuviesen infinitas normas prescritas.

UNA NOTA SOBRE LA EDICIÓN DE LA TRADUCCIÓN DE MIGUEL ASÍN PALACIOS

El texto que se ha recuperado en esta edición de Almuzara es la edición anotada de la traducción que publicó Miguel Asín Palacios en 1933, una versión clásica que, como ya se ha mencionado, supone un hito dentro de la *akbarian renaissance* (renacimiento akbarí). Esta ha sido la principal motivación a la hora de publicarlo; si bien podíamos haber optado por una nueva traducción, creemos que su valor histórico y la calidad del español utilizado es motivo suficiente para emprender su reedición. Se han introducido modificaciones mínimas para adecuar la ortografía de la época de Asín al del español actual. Por ello, el texto contiene los números de página de la edición de 1933 entre corchetes, para facilitar la búsqueda y la cita del original.

Asín trabajó sobre el manuscrito que se encuentra en España, el del Escorial y el manuscrito del padre Morata —véase la bibliografía—, para realizar la edición sobre la que presenta la traducción. Son textos posteriores al propio Ibn 'Arabī, es decir, copias magrebíes del texto que, aunque se presentan en buen estado, contienen erratas y errores. Asín desconocía que existía un manuscrito más en Estambul, concretamente en su universidad, signado como *Ms. Ef. 2605,* que fue el que utilizó como fuente primaria Austin en su edición de *The Sufis of Andalusia.*

Asín Palacios, seis años después, publicaría las biografías contenidas en la *Risāla* como material didáctico, pero nunca publicó una edición crítica de ambos textos. El propio Asín se justifica en que ve poco valor a los otros contenidos de la carta y que tan solo lo ve en el anecdotario.

Desde la publicación de este texto hace cien años se han editado dos versiones en árabe del texto, la de Muhammad Al-Jazairy (1964) y la de Mahmud Ghurab (1994); ambas publicadas en Damasco. La de Ghurab además tiene comentarios sobre partes que no quedan claras en el texto y añade material de otras obras de Ibn 'Arabī. Recientemente Abrar Ahmed Shahi (2012) ha publicado una edición crítica en la Ibn Arabi Foundation en Rawalpindi (Pakistán) que incluye, además, una traducción al urdú.

Me he valido de estas fuentes para anotar y actualizar la versión. Estas notas aparecen entre corchetes y con la nomenclatura NE. (nota de editor), con lo que son distinguibles de las notas originales de Asín Palacios. He intentado actualizar traducciones de fuentes, hacer accesibles libros clásicos digitalizados y además matizar algunos aspectos como transcripciones de nombres o traducción de conceptos.

En mi opinión, este es el punto débil de la propuesta Asín, su excesiva comparación y cristianización de términos y conceptos que tienen otro sentido en un contexto musulmán. En algunos momentos desvirtúa los contextos, añade epítetos que no existen o simplemente dificulta al lector una lectura más fluida. En esos casos, he intentado matizarlo y adaptarlo a las convenciones y nuevos enfoques de la islamología contemporánea, y de ese modo hacerlo más accesible para un lector contemporáneo.

Antonio de Diego González

BIBLIOGRAFÍA

FUENTES PRIMARIAS

Ibn 'Arabī. *Risālat Rūḥ al-quds.* Ms. D741. Biblioteca del Monasterio del Escorial. ffº 21-40.

Ibn 'Arabī. *Risālat Rūḥ al-quds.* Ms. BAP FA002. Biblioteca de la Universidad Nacional a Distancia (UNED). <http:/ www.singularis.es/?p=1811>.

Ibn 'Arabī. *Risālat Rūḥ al-quds.* Ms. Ef. 2605. Biblioteca de la Universidad de Estambul.

Ibn 'Arabī (1933). *Vidas de santones andaluces.* Ed y trad. Miguel Asín Palacios. Madrid-Granada: Escuelas de Estudios Árabes de Madrid y Granada.

Ibn 'Arabī (1964). *Risālat Rūḥ al-quds.* Ed. M. b. al-Ǧazā'irī. Damasco.

Ibn 'Arabī (1971). *Sufis of Andalusia.* Ed. y trad. R. W. J. Austin. Nueva York: Routledge.

Ibn 'Arabī (1994). *Risālat Rūḥ al-quds.* Ed. y comentario M. Ghurab. Damasco.

Ibn 'Arabī (2012). *Risālat Rūḥ al-quds.* Ed. Abrar Ahmed Shahi. Rawalpindi: Ibn Arabi Foundation.

BIBLIOGRAFÍA SECUNDARIA

Addas, C. (1993). *Quest for the Red Sulphur. The life of Ibn 'Arabī.* Londres: The Islamic Texts Society.

Corbin, H. (2023). *La imaginación creadora en el Sufismo de Ibn 'Arabi*. Córdoba: Almuzara.

Cornell, V. J. (2010). *Realm of the saint: power and authority in Moroccan Sufism*. Austin: University of Texas Press.

De Diego González, A. (2018). «Entre la hagiografía y la historiografía. Un análisis de la figura y la doctrina de shaykh Aḥmad Tijānī», *Anaquel de Estudios* Árabes, 29, pp. 63–88. doi: https:/doi.org/10.5209/ANQE.58713.

De Diego González, A. (2020). *Populismo Islámico*. Córdoba: Almuzara.

De Diego González, A. (2022). «La recepción del pensamiento de Ibn 'Arabi en las doctrinas de la tariqa Tijaniyya», *Contrastes. Revista Internacional de Filosofía*, 27(1), pp. 7–28. doi: 10.24310/Contrastescontrastes.v27i1.10792.

De Diego González, A. (2024). "*Fuṣūṣ al-ḥikām* y los desafíos filosóficos de un libro visionario", *HORIZONTE: Revista de Estudos de Teologia e Ciências da Religião*, 21(64), p. e216404. doi: 10.5752/P.2175-5841.2023v21n64e216404.

El Hour, R. (2020). *Sufismo, hagiografías, santos y santidad en el norte de* África *y península ibérica*. Helsinki, Academia Scientiarum Fennica.

Foucault. M. (1970). *La arqueología del saber*. México DF: Siglo XXI.

Holbraad, M. y Pedersen, M. A. (2022). *El giro ontológico: Una exposición antropológica*. Madrid: Nola Editores.

Lirola, J. (ed). (2003-2009). *Enciclopedia de al-Ándalus. De Ibn Aḍḥà a Ibn Bušrà*. Almería: Fundacion Ibn Tufayl.

Stroumsa, S. (2023). *Al-Ándalus y Sefarad. Historia de la Filosofía en al-Ándalus*. Córdoba: Almuzara.

Maestros de al-Ándalus
(Risālat Rūḥ al-quds)

[Vidas de santones andaluces.
La Epístola de la santidad de Ibn Arabī de Murcia]

Traducción y notas de Miguel Asín Palacios (1933)

[7]

INTRODUCCIÓN

Ibn 'Arabī de Murcia, el autor de este opúsculo, es bastante conocido del público erudito para que podamos ahorrarnos aquí tiempo y espacio en la delineación de su silueta. Peregrino infatigable del ideal religioso, las accidentadas etapas de su vida andariega por tierras del islam occidental y oriental, desde al-Ándalus hasta Mesopotamia, estudiando, enseñando, predicando, discutiendo y redactando obras cuyo número se cifra por centenas, no le privaron jamás del vagar preciso ni del recogimiento indispensable para la vida anterior, cuyas etapas recorrió también, a la vez que las de su peregrinación terrena, sin esfuerzo aparente, hasta escalar las más altas cimas del misticismo. Difícil se da condensar, en las breves líneas de una Introducción, ni siquiera los rasgos más típicos de su biografía, pletórica de sucesos peregrinos y pintorescos, y todavía más el enumerar tan sólo los libros [8] que escribió, aun sin descender al análisis somero de su contenido ideológico. En estudios monográficos, de lejana y de reciente fecha, consagrados por mí a la vida, doctrina e influencia de este sufí hispanomusulmán podrá el lector que la sintiere satisface su curiosidad[26].

26 Cfr. Asín Palacios, *Mohidín* (apud *Homenaje a Menéndez y Pelayo*, Madrid, 1899, II, pp. 217-256); *La psicología según Mohidin Abenarabi* (apud «Actes du XIVe Congrès international des Orientalistes», París, 1906, III, pp. 79-191); *La Escatología musulmana en la Divina Comedia* (Madrid, Maestre, 1919); *El místico murciano Abenarabi* (Monografías y documentos) (apud «Boletín de

Para el gran público, a quien esta biblioteca de divulgación va dedicada, bastarán las sobrias notas biográficas que siguen.

Muḥammad Ibn al 'Arabī, conocido con los sobrenombres honoríficos de Muḥyī l-dīn («Vivificador de la religión»), al-Šayj al-Akbar («El Doctor máximo») e Ibn Aflāṭūn («El Hijo de Platón»)[27], nació en Murcia el 28 de julio de 1165 de J. C. y murió en Damasco el 16 de noviembre de 1240. Estas fechas encuadran su vida dentro del luminoso siglo de la plenitud cultural de al-Ándalus, aliado de Averroes y de Maimónides, sus contemporáneos. De los centenares de obras que consta escribió, unas 150 se conservan todavía. Las más celebradas son las que llevan por título *Fuṣūṣ al-ḥikam* («Perlas de la sabiduría»)[28] [9] y *al-Futūḥāt al-makkiyya* («Revelaciones de La Meca»). Su estilo en estas obras es abstruso y, quizá de propósito, oscuro, para celar a los ojos profanos la doctrina esotérica de su panteísmo místico y teosófico, difícilmente conciliable con la ortodoxia del islam tradicional[29]. Sus ideas metafísicas dependen

la Academia de la Historia», Madrid, 1925, 1926, 1928); *El Islam cristianizado. Estudio del «sufismo» a través de las obras de Abenarabi de Murcia* (Madrid, Editorial Plutarco, 1931).

27 [NE. Franz Rosenthal (1988, p. 4, n. 16) critica duramente esta afirmación lanzada por Asín Palacios -ya que no ofrece la fuente de la cita-, que retomará Henry Corbin en *La imaginación creadora en el sufismo de Ibn Arabi.* Sin embargo, Henry Corbin parece relacionarlo por analogía — seguramente a partir de la afirmación de Asín Palacios— con la tradición del sufismo oriental persa *(išrāqiyyūn)*: «Por oposición a los peripatéticos, los išrāqīyūn, discípulos de Suhrawardī, son denominados «platónicos» (*aṣḥāb Aflāṭūn*). Ibn 'Arabī, por su parte, ha sido "el platónico", el "hijo de Platón" *(Ibn Aflāṭūn)*. Un poco más adelante, Corbin sitúa este sobrenombre durante el encuentro de Averroes (Corbin, 2023, p. 45, n.16). Esto clarifica algunas coordenadas de la topografía espiritual que aquí tratamos de perfilar» (Corbin, 2023, p. 27). Posteriormente, en su traducción de *Fuṣūṣ al-ḥikam,* Titus Burckhardt volverá a usar este apodo para Ibn 'Arabī. La actitud de Rosenthal podría ser discutida hoy en día desde las lecturas de fuentes próximas y de una adecuación a la episteme que usa el Šayj al-Akbar].

28 [NE. Hay un error de traducción o descuido por parte de Asín Palacios, pues *Fuṣūṣ al-ḥikam* significan «Los engarces de las Sabidurías» y no «Las perlas de la Sabiduría». *Fuṣūṣ* son los engarces que rodean a la piedra/sello de una joya. Perla se traduciría como *durra* o *ŷawhara*].

29 [NE. El planteamiento que ofrece Asín Palacios ha sido superado por la islamología contemporánea. Por ejemplo, el islamólogo alemán Rudigger Seesemann en su libro *The Divine Flood* (2010) realiza una crítica a considerar

de Plotino y de los gnósticos, no directamente, sino a través de síntesis sufíes del oriente, transportadas a al-Ándalus por otro místico hispano, lbn Masarra de Córdoba, con cuya escuela está estrechamente emparentada la de lbn 'Arabī.

Entre sus muchos opúsculos todavía inéditos, existe uno, titulado *Risālat al-quds* o «Epístola de la Santidad», que se conserva en la Biblioteca de El Escorial (ms. 741) y que es compendio de otro, quizá desaparecido, *al-Durra al-fājira* o «La perla preciosa»[30], en que lbn 'Arabī traza las biografías de los maestros y compañeros de cuyas enseñanzas y ejemplos se aprovechó para su propia formación espiritual. Es, pues, el documento biográfico más interesante y rico en pormenores que de lbn 'Arabī existe, indispensable para comple.tar y esclarecer las fugaces alusiones a los maestros y compañeros de su vida religiosa que a cada página ofrecen su *Futūḥāt* y su *Muḥāḍara*, alusiones, por cierto, tan abundantes, que tan sólo con ellas me fue dable, a pes.ar de su fugacidad, reconstruir en uno de mis ensayos monográficos [10], antes citados, la *Autobiografía cronológica* de lbn 'Arabī[31]. Ahora nos servirán también, por eso, para documentar más ampliamente los datos orgánicos que sobre cada santón biografiado aduzca la *Risāla*.

---

el sufismo como heterodoxo cuestionando el rol de la ortodoxia análoga al literalismo jurídico en el islam. Es más, autores como Ibn 'Arabī se plantean como defensores de lo jurídico pero abiertos a una lectura hermenéutica o, incluso, visionaria de la realidad. No hay oposición entre esta actitud más mística y un posicionamiento jurídico siguiendo la Sunna, sino que son complementarios].

30 [NE. Asín, a fecha de publicación de este libro, no conocía los manuscritos existentes de este texto. Esta es una obra que se la considera complementaria a esta *risāla* y es, posiblemente, una sinopsis de una obra mayor. La base de datos de MIAS <http://archive.ibnarabisociety.org/archive_reports/works_pdf/105.pdf> cita dos manuscritos conocidos, ambos en la Biblioteca de la Universidad de Estambul, son *Veliyuddin 1800*, 145v-201r y *Esad Effendi 1777*, 83r-121v. La edición crítica es bastante actual ya que ha sido realizada por Abrar Ahmad Shahi y publicada por la Ibn 'Arabi Foundation en Rawalpindi (Pakistán) en el año 2014. La única traducción a una lengua occidental fue realizada por R. W. J. Austin, quien la tituló *Sufis of Andalusia*, en 1971 junto a la traducción de la edición de *Risālat Rūḥ al-quds* de Asín Palacios al inglés.]

31 *Bol. Acad. Hist.*, 1925. [NE. El lector puede encontrar una versión digitalizada de este texto en el siguiente enlace: <https://www.cervantesvirtual.com/obra/el-mistico-murciano-abenarabi-monografias-y-documentos-i/ >]

El título de ésta, *Epístola de la Santidad*, expresa bien el carácter del opúsculo: se trata, en efecto, de una carta o misiva enviada por lbn 'Arabī desde La Meca el año 600 de la hégira (1203 de J. C.) a su amigo de Túnez, el sufí 'Abd al-'Azīz al-Mahdawī. Por lo mismo, el estilo, en contraste bien palmario con el de la mayoría de sus otras obras, es llano, fácil y hasta familiar, limpio, casi siempre, de alusiones a temas de mística especulativa y apto, por ello, para ser ofrecido al lector en una versión vulgarizable y exenta de abstrusos tecnicismos.

Cuatro partes podemos distinguir en la *Epístola de la Santidad*. Es la primera una rápida ojeada sobre el estado de la vida espiritual en las tierras orientales (La Meca y Egipto singularmente), tal y como a los ojos de lbn 'Arabī se ofreció desde su llegada a Egipto en 598 hasta 600, fecha de la carta. El contraste entre las corruptelas del sufismo oriental y las virtudes de los sufíes del Magreb y de al-Ándalus es el tema cardinal de esta primera parte, llena de pintorescas descripciones [11] de las costumbres, trajes, ejercicios religiosos, cultura ascético-mística, vicios e hipocresía de los sufíes de Oriente.

La segunda parte es un examen de conciencia que lbn 'Arabī hace en voz alta, para su propia humillación y para edificación de su amigo y corresponsal. Bajo la forma literaria de un diálogo con su propia alma, Ibn 'Arabī se compara sucesivamente con los más sublimes modelos de perfección espiritual que la historia del islam le ofrenda, sobre todo en los primeros siglos, es decir, con los Compañeros Muhammad, ascetas y santos más ejemplares, cuyas virtudes heroicas analiza y pondera, para obligar a confesar a su propia alma que se halla muy lejos de tamaña perfección. El carácter autobiográfico de esta segunda parte es más acentuado que el de la primera, pues equivale realmente a una confesión sincera y pormenorizada de los defectos e imperfecciones de que Ibn 'Arabī adolecía, hasta la fecha, por lo menos, de esta carta.

La tercera parte es la de más alto valor autobiográfico y la de mayor extensión, pues constituye la materia principal de la *Epístola*. Se trata, en efecto, de un conjunto de biografías, cincuenta próximamente, de los maestros de espíritu y compañeros de vida religiosa, cuyas enseñanzas y ejemplos lbn 'Arabī confiesa que influyeron en su formación, desde que [12] comenzó a caminar, en la mocedad, por el camino ascético. El interés de estas biografías es, pues, doble: de una parte, nos suministran datos auténticos y concretos sobre la formación ascético-mística de lbn 'Arabī; de otra parte, nos trazan el cuadro vivo y plástico de la vida religiosa del islam andaluz y africano en los últimos años del siglo XII de nuestra era. Los pormenores, efectivamente, a que desciende lbn 'Arabī al describir los rasgos más salientes de la psicología y de las costumbres de sus maestros y compañeros, proyectan una luz meridiana sobre este aspecto de nuestra historia medieval, que en vano se buscaban en cualesquiera otras fuentes. Una abigarrada multitud de ascetas, místicos, videntes y taumaturgos, de toda edad, sexo, profesión, oficio y clase social, van apareciendo sucesivamente a través de las pintorescas páginas de estas biografías, moviéndose en el escenario de las ciudades y aldeas andaluzas, como en una cinta cinematográfica, con sus personales rasgos físicos y morales, con sus característicos géneros de vida ascética (el eremítico, el cenobítico, el peregrinante, el monásticomilitar, el caballeresco, el predicador, etc.), con sus peculiares métodos de disciplina para la formación de los novicios, con sus ejercicios espirituales privativos (rezos, jaculatorias, lectura espiritual, oración y meditación, examen de conciencia, vigilias nocturnas, retiro, silencio, mortificaciones, corporales [13], ayunos, disciplinas, distribución del tiempo, etc.), con sus particulares carismas, gracias de oración, don de lágrimas, visiones, iluminaciones, milagros, éxtasis, raptos, etc. Y todo esto localizado y a veces fechado con aquella escrupulosidad minuciosa y fiel que es habitual en las notas autobiográficas de lbn 'Arabī. Para la historia de la espiritualidad del islam español, representa, por consiguiente, la *Epístola de la Santidad,* en esta su parte tercera, el documento más revelador de cuantos hasta la fecha han sido estudiados por los especialistas. El lector profano podrá vislumbrar desde ahora la importancia de este documento, si piensa en la que tendría para la historia pe la espiritualidad cristiana del siglo XVI la aparición de un ignorado manuscrito en que Santa Teresa de Jesús o San Juan de la Cruz hubiesen consignado fiel y minuciosamente cuantas noticias conservase su memoria de los maestros de espíritu que más influyeron en su formación y del estado de fervor o disipación en que a su juicio vivieran las órdenes religiosas coetáneas. Tiene además otro interés, quizá mayor: el de ofrecer al historiador una visión anticipada (quién sabe si un precedente explicativo) de la secta de los. Alumbrados que desde principios del siglo XVI comenzó a extenderse por Andalucía y Castilla con caracteres más análogos en sus doctrinas y prácticas espirituales a estos iluminados del islam [14] andaluz del siglo XII, que no a los místicos alemanes y flamencos con quienes ordinariamente se les compara y de los cuales se les cree discípulos[32].La cuarta parte del opúsculo es más bien un epílogo de carácter doctrinal y que poco o nada interesa a la autobiografía de lbn 'Arabī, pues por su contenido es una meditación de los divinos. beneficios y de la gratitud que a ellos debe el alma.

El manuscrito árabe de El Escorial nº 741 (folios 1-54 v) que contiene la *Risālat al-quds* es de escritura magrebí, africana más bien, incorrecta y negligente. Su lectura en muchos pasajes me habría sido indescifrable, de no haber podido consultar otro manuscrito oriental del mismo opúsculo, el cual, aunque quizá más incorrecto que el escurialense, está corregido cuidadosamente al margen por un escriba occidental que dice haber cotejado el manuscrito con otro más fiel. Este manuscrito oriental es propiedad de mi amigo el docto arabista escurialense P. Nemesio Morata, O.S.A., que ha tenido la amabilidad de ponerlo a mi disposición para su estudio[33].

El estilo de Ibn 'Arabī en este opúsculo ofrece [15] diferencias bien notables en sus varias partes, aunque dentro del tono general, arriba señalado: la tercera, por su carácter histórico, está escrita en un estilo natural y corriente; las otras tres, en cambio, son retóricas y declamatorias, abundando en pasajes de prosa rimada que

32 [NE. La teoría de Asín Palacios expuesta en *El Islam cristianizado* (1931), *Un precursos hispanomusulmán de San Juan de la Cruz* (1933) o *Shadilíes y Alumbrados* (1945/1990) entre otros supuso el inicio para una corriente de mística comparada que ha proseguido con el estudio de textos moriscos y aljamiados, especialmente, bajo la figura de Luce López-Baralt. Su trabajo profundo en textos como *San Juan de la Cruz y el Islam* (1990), *The Sufi Trobar Clus and Spanish Mysticism* (2000) o *La literatura secreta de los últimos musulmanes españoles* (2009) dan cuenta de ello].

33 Consta de 69 ff. de 23 líneas. Los ff. 30 y 31 están encuadernados equivocadamente fuera de su lugar, entre el 39 y 40. Para las referencias llamaremos *Esc.* al manuscrito de El Escorial n° 741, y *Mor.* al manuscrito del P. Nemesio Morata. [NE. La versión de Nemesio Morata puede consultarse digitalmente en el siguiente enlace: <http://www.singularis.es/?p=1811>]

difícilmente se prestan a una traducción literal. Por esa razón, y por su menor interés histórico, nos limitamos a dar, de esas tres partes, un simple análisis, con extractos de sus pasajes más importantes[34]. La parte tercera, en cambio, la aprovechamos por entero y casi a la letra. Hemos, procurado huir, en la traducción, de todo tecnicismo, con el fin de acomodarnos a la mentalidad de los lectores profanos. El lenguaje de los sufíes está lleno de términos cuyo significado sutil y esotérico explican sin gran precisión los diccionarios místicos redactados en árabe. Algunas veces esos términos equivalen aproximadamente a sus similares de la mística cristiana; pero lo más frecuente es que no sean sinónimos de estos. En tales casos, es inevitable el uso de las perífrasis, para que la traducción deje traslucir lo más posible el sentido del texto original. Aducir en tales casos las razones filológicas e históricas que justifican la perífrasis, sería inútil para los especialistas e ininteligible y molesto para el lector profano.

[16. Página en blanco]

34 Los pasajes analizados y no traducidos íntegramente van entre corchetes [].

[17]

I
La vida espiritual en Oriente[35]

Por su forma de epístola, el opúsculo comienza con la salutación de rigor, en la cual se consignan los nombres completos de lbn 'Arabī y del destinatario ·que, como ya hemos insinuado, es Abū Muḥammad 'Abd al-'Azīz b. Abū Bakr, de la tribu de Qurayš, natural de al-Mahdiyya[36] y habitante en Túnez[37] lbn 'Arabī, antes de entrar en materia, elogia a su amigo, cuyas prendas de espíritu pondera; añade, no obstante, que en esta epístola se propone aconsejarle [18] con toda sinceridad en las cuestiones que atañen a la vida espiritual, comenzando por exponerle el estado de la opinión entre los sufíes de oriente respecto de los occidentales. El tono de toda esta parte es, como ya dijimos, despectivo para el sufismo oriental, en vivo contraste con el tono apologético con que describirá en la parte tercera el sufismo español.]

Desde el primer momento que llegué a estas tierras, pregunté por la gente de este método de vida ejemplar [los sufíes]... Condujéronme a cierta comunidad de sufíes que vivían juntos en un cenobio de altos muros y ancho patio; en seguida advertí que

35 *Esc.*, ff. 1-5; *Mor.*, ff. 1-6 v.

36 Puerto en la Regencia de Túnez, distrito de Susa, a 210 kilómetros de Túnez.

37 Sus relaciones con lbn 'Arabī, anteriores a esta epístola, pueden verse en *Autob. Cronol.* párrafos 11 y 19.

la meta de sus aspiraciones y el blanco de sus anhelos cifrábase en llevar bien limpios sus hábitos y más aún los llamativos colorines de las fimbrias de sus túnicas, y en traer bien peinadas sus barbas. Esto no obstante, pretendían que la gente del Magreb son gente de *realidad* sin *método*, mientras que ellos, por el contrario, son gente de *método* sin *realidad*[38]. Esta sola frase basta para evidenciar, sin más, el error en [19] que están, puesto que a la realidad no cabe llegar, sino después de haber logrado la práctica del método... Angustiosos son, ¡oh amigo!, los días en que vivimos: en ellos el intrigante es audaz y el tirano es tenaz; días son de sabios malvados, que sólo estudian para buscar qué comer; de gobernantes injustos, que dan sus sentencias sobre aquello que ignoran; de sufíes sospechosos, que sólo en los bienes de acá abajo encuentran su deleite: en el fondo de sus corazones tienen al mundo por tan grande cosa, que no creen haya sobre él nada digno de ser buscado; en cambio, en sus almas la verdad divina es cosa tan pequeña, que de ella se apresuran a huir; toda su atención y cuidado ponen en los tapices sobre que hacen la oración, en las fimbrias coloreadas de sus túnicas, en los hábitos que visten, en los bordones o cayados con que caminan; llevan bien a la vista las cuentas de sus rosarios llenos de adornos, como las viejas; son en realidad niños golosos y muchachos bien nutridos, sin ciencia que de lo ilícito los aparte y sin continencia que de los apetitos mundanos los aleje; las prácticas externas de la religión emplean a guisa de instrumentos

38 Los sufíes llaman *realidad (ḥaqīqa)* a la unión mística del alma con Dios, la cual es fruto de la gracia, más que efecto de la preparación activa del sujeto. En cambio, la palabra *método (ṭarīqa)* significa esta preparación activa, es decir, lo que los místicos cristianos llaman *vía* o *camino* de la perfección, el conjunto de reglas ascéticomísticas, cuyo ejercicio y práctica dispone y prepara al alma para llegar gradualmente a la unión con Dios. [NE. Este planteamiento que aquí expone Ibn 'Arabī será clave para la configuración del sufismo contemporáneo a partir del siglo XVII que el islamólogo indo-estadounidense Fazlur Rahman llama neosufismo. El sufismo de esta época, a partir de los planteamientos de Aḥmad Sirhindī, retoma que la experiencia espiritual no puede existir plenamente si el sufí no está profundamente arraigado en la vía (*ṭarīqa*) tanto exotérica *(šarī'a)* como esotérica *(ḥaqīqa)*. No se trata de mística, sino de equilibrio entre lo espiritual y lo social. Durante el siglo XVIII este planteamiento se volvería popular en todo el mundo islámico, especialmente en el Magreb de manos de Aḥmad Tiŷānī y Aḥmad Ibn Idrīs].

para lograr las vanidades de este mundo; acógense a los cenobios y rábidas sólo para gozar de los bienes, lícitos o ilícitos, que estas casas poseen; ensanchan las bocas de sus mangas y engordan sus cuerpos.

[20] ¡Oh, amigo mío!; ¡si tú los vieses con qué énfasis recitan sus oraciones, sin conservar las filas rituales! Entre cada uno y su vecino dejan en la fila un espacio capaz para que mil demonios quepan cómodamente; pero si luego por acaso vienes tú y llenas aquel vacío, verás cómo fruncen el ceño sus rostros, y si por descuido pisas con tu pie el tapiz en que uno de ellos ora, te dará un puñetazo donde bien le venga, aunque te rompa una costilla. ¡Estas prácticas y otras semejantes son las que constituyen el método ascético de que se glorían esos sufíes de tu época, ¡oh amigo mío!... Si sus rostros miras, verás unos ojos de mirada dura, inquieta y colérica; si miras sus almas, verás unas almas henchidas de orgullo; si miras sus corazones, verás unos corazones disipados, vacíos de vida interior, santa y sublime, hechos ya una pura ruina hasta en sus cimientos, verdaderas guaridas de feroces leones y madrigueras de lobos aulladores. Tanto que, al verlos, pedirás a Dios que de ellos te libre. Yo he encontrado en estas tierras alguno de estos sufíes que vestía zaragüelles de los que gastan los eunucos (sin avergonzarse de ello ante la presencia del Misericordioso) y que ignoraba tan en absoluto los requisitos litúrgicos de la ley religiosa, que ni siquiera era apto para servir de mozo de limpieza en las letrinas...

Esto no obstante, ¡oh amigo mío!, a veces entra [21] a convivir con ellos el sufí sincero y justo, pero se le desconoce, y el místico perfecto que ha llegado a la intuición de Dios, pero se le deja de lado y no se le hace caso, porque todo el mundo lo cree uno de tantos, puesto que vive en comunidad con ellos en el mismo domicilio, aunque no tenga con ellos el menor trato. De ellos me cupo en suerte conocer personalmente en Egipto, en el cenobio de El Cairo, a uno de edad madura, que casi podía decirse que era un místico perfecto y en el cual no había tacha, y de ello me congratulé porque no había encontrado todavía otro semejante.

Yo me junté con un maestro de espíritu, a quien se le llamaba entre ellos «maestro de los maestros» (así mismo me lo dijo él en persona), y observé por cierto que era hombre ecuánime y justo para consigo mismo respecto de su interlocutor. Este maestro pretendía que en tierras de occidente no tenía Dios persona alguna que conociese el método o camino que hacia Él conduce ni que tratase siquiera de averiguarlo. Tu amigo no quiso de primera intención discutir con él de viva voz ni aun exponerse a conversar sobre el tema; pero luego pensé que aquello era una injuria y una enormidad, y comenzamos a explicarle un contado número de los misteriosos dones con que Dios te distinguió a ti, y después le informamos acerca de algunos estados místicos de nuestro señor Abū [22] Madyan, la quinta esencia de los santos[39]. Quedóse el hombre atónito ante lo que oía y exclamó: «¡No imaginaba yo que en tierras del Magreb hubiese algo semejante a eso!» Después, uno de nuestros discípulos le propuso una cuestión de teología esotérica, relativa a la creación del infierno, y por Dios te juro que no supo añadir ni una palabra a estas con que respondió: «No sé nada de eso». Y a la verdad que, al responder así, fue justo consigo mismo, pues reconoció su propia imperfección, y se agotó su locuacidad y todos sus fuegos se extinguieron. Entonces le dije: [23] «Si esto te ha pasado tratándome a mí, que soy, en materias espirituales, tan imperfecto y despreciable que ni merezco ser contado en el número de los sufíes

39 Este célebre místico sevillano hablase establecido en Bujía, donde Ibn 'Arabī pudo tratarlo por el año 1193 de J. C. En *Mawāqi',* *Futūḥāt* y *Muḥādara* lo cita repetidas veces como maestro, ponderando sus visiones, milagros, virtudes y doctrina; pero como no lo incluye en el catálogo de esta Risala, es de creer que no llegó a tratarlo personalmente. Sobre la vida e ideas místicas de Abū Madyan, cfr. Bargès, *Vie du célèbre marabout Çidi Abou Médien* (París, Leroux, 1884). — He aquí uno de los maravillosos episodios, relativos a Abū Madyan, a que Ibn 'Arabī alude aquí y que refiere en *Futūḥāt* (I, 288): «Tenía un hijo pequeño, habido de una negra. Abū Madyan poseía la virtud preternatural de conocer todas las cosas con la vista. Aquel niño, que tenía siete años de edad, miraba y decía: «Veo en el mar, en tal y cual lugar, unos barcos y en ellos está ocurriendo esto y lo otro.» Cuando pasaban unos días y llegaban aquellos barcos a Bujía (que era la ciudad en que el niño estaba), efectivamente resultaba que era como el niño había dicho. Decíanle entonces al niño: «¿Con qué lo ves?» Y respondía: «Con mis ojos.» Pero a seguida rectificaba: «¡No! Tan sólo lo veo con mi corazón.» Y luego añadía: «¡No! Tan sólo lo veo con mi padre: cuando él está presente y yo le miro, es cuandoveo lo que os referí y cuando de mi se ausenta, no veo nada de eso.» [NE. Una versión accesible para el lector de las enseñanzas de Abū Madyan, con los comentarios del *šayj* al-'Alawī, puede encontrarse en *El fruto de las palabras inspiradas,* ed. Juan José González, Córdoba, Almuzara, 2007].

de occidente, ¿qué te pasaría si vieses con tus propios ojos a los grandes, a los príncipes, a los más distinguidos maestros de espíritu que viven en el Magreb y que son extraordinarios?» Él asintió a mis palabras y de buen grado concedió que tenía razón. De lo cual di gracias a Dios que me había inspirado y sugerido. Por lo que toca a los sufíes que en estas tierras practican el ejercicio del canto religioso para provocar el éxtasis, realmente toman la religión como cosa de juego y divertimiento. No les oyes decir otra cosa que «¡He visto a Dios y me ha dicho esto y me ha hecho lo otro! Pero si a seguida le preguntas, a ese tal, cuál sea la realidad mística que Dios le otorgó o el misterio que le reveló en su trance extático, no encontrarás en él sino un deleite sensible y una voluptuosidad satánica: el demonio es, en efecto, quien por medio de su lengua lanza gritos; y mientras el otro iluso, el cantor, sigue rebuznando sus versos, él pierde el sentido. Nada más parecido a estos sufíes que el pastor de ovejas, que a gritos llama a su rebaño, avanzando y retrocediendo al compás de sus propios gritos, sin que puedas saber por qué ni para qué. De aquí que todo maestro de espíritu a cuya dirección [24] esté encomendada en estos tiempos la formación de débiles novicios se vea obligado a no hablarles para nada del canto religioso y a prohibirlo en absoluto, así de palabra como de obra. A las gentes de este país ya les hemos nosotros explicado alguna vez el valor que puede tener el canto religioso y las corruptelas a que conduce. Ellos nos objetaban aduciendo los éxtasis que en la *Risāla* de Qušayrī[40] y en otros libros se narran de aquellos maestros de espíritu que practicaron el ejercicio del canto religioso. Para resolver sus objeciones, nosotros les pusimos en claro los puntos oscuros de la *Risālat* y procuramos fijar las expresiones vagas de su texto. Ellos acabaron por confesar que el canto religioso es, dentro de la jerar-

40 Esta *Risāla* o tratado de sufismo es el manual clásico entre los místicos ortodoxos del islam. Su autor, el Qušayrī, murió el año 1074 de J. C., en la ciudad de Nisapur. Se titula *Carta a la comunidad de los sufíes en tierras del islam.* La escribió el año 1046 de J. C. Además de la edición del texto árabe (Cairo, 1318 hég.), existe una traducción alemana de R. Hartmann, titulada *Das Sûfîtum nach al Kushairî.* El problema del canto religioso se trata en la p. 178 del texto árabe de la *Risāla* de Qušayrī. [NE. Versiones contemporáneas de esta obra pueden encontrarse en inglés con la excelente edición y traducción de Alexander Knysh (2007) y, al español, la de Gustavo Bize (2021)].

quía de los grados que integran la vía unitiva, una imperfección. Algunos de mis oyentes abandonaron su ejercicio; pero otros, aun reconociendo que es una imperfección, continuaron practicándolo.

Porque conviene que sepas, amigo mío, que cuando yo expliqué en el templo de La Meca aquellas lecciones [25] públicas acerca de los sufíes que se dan a sí mismos tal nombre sin serlo y acerca de sus vicios, molestaron mis palabras a uno de mis oyentes y exclamó: ¿qué motivo le habrá impulsado a decir eso?

¡Mejor fuera que lo hubiera callado!», y otras expresiones semejantes. Claro es que su oposición no sirvió sino para afirmarme yo más en mi idea de que cuanto yo había dicho era verdad, puesto que a él le molestaba. Aquel individuo, en efecto, al hablar así cerraba los ojos para no ver las fundadas razones en que yo me apoyaba al obrar de aquel modo. Él las admitía, sin duda, en principio, puesto que más de una vez se las hice oír y, no sólo no las repudió, sino que, antes al contrario, le parecieron justas. En cambio, cuando mis censuras recaían concretamente sobre los sufíes de su tiempo, entonces ya le parezcan excesivas e indiscretas, sencillamente porque, como él vivía en la misma época, temía que mis censuras recayesen también sobre él mismo, y ese temor le entristezca. Si hubiese sido hombre ecuánime, lo que habría hecho se da examinar bien su conciencia.

Porque todo aquel a quien tales censuras molestan, es que adolece de los defectos censurados. Por eso se inquieta, ¡pues si de ellos se sintiese exento, de seguro que se quedaría tan tranquilo al oírlas, como se queda tranquilo cuando oye censurar a los ladrones, salteadores de caminos y otros malhechores semejantes [26]. En cambio, porque se siente copartícipe en los defectos de esos sufíes, acógese, como a lugar de refugio, a la contradicción de las censuras, para salir así mejor librado, aunque contradiga a la verdad. Pero la contradicción de mis censuras no es cosa que carezca de precedentes; antes bien, siempre ha ocurrido que todo el que, en cualquier época, se ha consagrado a tratar de los vicios, defectos e imperfecciones morales, para ponerlos en evidencia y censurar los en concreto o en abstracto, se ha visto constante mente vituperado por sus coetáneos, cabalmente por eso, porque no ha prestado su asentimiento y aprobación a los gustos y tendencias de la época. En cambio, una vez que ese censor muere y su tiempo pasa y nuevas generaciones le suceden, entonces se reconoce lo fundado de sus censuras y todo el mundo dice: «¡Ya decía Fulano que en su tiempo las gentes eran así!»

[27]

II

Examen de conciencia de Ibn 'Arabī[41]

A) LA CRISIS RELIGIOSA Y SU SOLUCIÓN

Después de esto he de informarte, amigo mío, de lo que me ha ocurrido con mi alma. Cuando yo vi que Dios había abierto a mi corazón la puerta de la sabiduría y hecho fluir hasta él la corriente de sus mares, cuando hubo sumergido mi espíritu en lo más profundo de sus abismos, advertí, al dirigir la vista sobre las aguas del océano aquel de la sabiduría, que sus olas, azotadas por los vientos huracanados, alzábanse con furioso bramido; mas si luego contemplaba el oleaje del mar de las intuiciones y de los misterios, que en mi pecho se agitaba, encontrábalo de pronto tranquilo e inmóvil, en medio [28] del choque violento y continuo de las ondas del otro océano de la sabiduría, movidas con furia por los vientos de la tempestad. Principalmente en La Meca se apoderó de mí, por esta causa, terror intenso, inquietud enorme, mortal pavor. Resolví, en consecuencia, romper mi propósito de vida docente y no sentarme ya más a enseñar a las gentes. Pero se me ordenó que me sentase y que diese a las gentes mis sinceros consejos; y como aquel man-

41 *Esc.*, ff. 5-21; *Mor.*, ff. 6v-28.

dato se me imponía por Dios con la violencia de un precepto forzoso e indeclinable, me senté a enseñar elevando el tono de mi voz. Y con la espada de la crítica desenvainada.

Después, sin embargo, a solas conmigo en mi habitación, púseme a comparar y contrapesar, de un lado, los dones místicos que Dios me había concedido, y de otro, el estado espiritual en que mi alma se encontraba. Y como entre aquellos dones y este estado no encontré relación alguna que los atase, ni causa que cumplidamente los explicase, temí, oh, amigo mío, que Dios me hubiese tendido algún lazo para engañarme con astucia. A solas, pues, conmigo en mi aposento, entrole, de esa sospecha, una tal preocupación como sólo Dios sabe. Yo no encontraba camino por el cual penetrar para conseguir la purificación de mi alma. Todas las rutas, en efecto, habíanseme obstruido con el cúmulo de las verdades [29] esotéricas e intuiciones varias que había recibido. Y así seguí, hasta que Dios tuvo la bondad de inspirarme una visión en sueños, por la cual logré la victoria sobre mi propia alma y conseguí fijar la exacta ponderación de sus méritos.

Ello fue que yo me vi en mi sueño como si entrase en el paraíso, y cuando hube ganado la puerta y la dejé tras de mí sin haber antes visto ni el fuego, ni la resurrección, ni la cuenta, ni ninguno de los otros terribles episodios que acompañan al juicio del alma, sentí en mi interior una tan gran tranquilidad y espiritual reposo y alegría, como no es posible calcular siquiera. Y después de loar a Dios por ello, tal y como en el Alcorán se dice que lo hacen las almas [que en el paraíso entran sin cuenta ni pena previas], desperté y, al despertar, me percaté de que en mi estado espiritual había sin duda miserias y defectos y de que mi alma, engañada por los dones de ciencia que Dios me había otorgado, pretendía ocupar un rango superior al que por su estado moral le correspondía. Porque si efectivamente mi alma hubiera ya llegado a la intuición cierta de la Verdad, es decir, a una intuición intelectual, santa y divina que le hubiese hecho perder la conciencia de su propia realidad, no habría sentido placer alguno al entrar en el paraíso, ni experimentado aquella espiritual quietud, puesto que el goce o fruición de la majestad [30] de Dios le habría absorbido, impidiéndole darse cuenta de su propio reposo o quietud espiritual y hacerse cargo de su liberación de las terribles pruebas que acampanan al juicio. Mi alma entonces quiso argüirme en contra, con la objeción decisiva que se funda en el hecho de que los elementos esenciales del ser humano se distinguen entre sí y son de gra dos jerárquicos diferentes.[42] Yo no di oídos a su objeción, y así, mi argumento en contra suya quedó en pie. Seguí, pues, echándole en cara su imperfección y la enormidad de sus pretensiones respecto de una cosa que estaba muy por encima de ella.

B) EL EXAMEN DEL ALMA Y LA CONFESIÓN DE SUS DEFECTOS

Di entonces gracias a Dios que me había otorgado la victoria sobre mi alma, y dirigiéndome a ésta le dije: «¡Oh, alma mía! Por la gloria de Aquel [31] que te dió una naturaleza inclinada a la rebeldía y te hizo ser sujeto apto para toda cualidad vituperable, yo te juro que no te dejaré tranquila con tus pretensiones, hasta que yo haya sometido todos tus estados de conciencia al contraste del Libro de Dios y de la ley de su Profeta; si con estos modelos estás de acuerdo y no encuentro en ti defecto alguno, accederé de buen grado a que me domines como pretendes... ; mas si te encuentro inferior a tales modelos, quedarán en pie mis argumentos en tu contra. Pero como yo soy benévolo y misericordioso para contigo, transigiré y veré si caminas, al menos, siguiendo las huellas de los Compañeros del Profeta. Si del examen sale imitadora de alguno de ellos en alguna de sus virtudes, te dejaré con él y quedaré contento de ti; mas si no te encuentro en tal situación, seguiré caminando contigo tras las huellas de los ascetas de la generación inmediata los Compañeros Muhammad y de los que tras aquéllos vivieron. Si con alguno de ellos coincides en conducta, bien; pero si quedas por debajo de su nivel, el fuego infernal, más que tus pretensiones, será lo que mereces, pues toda tu sabiduría y ciencia esotérica la estimaré como

42 El sentido es: «Mi alma se defendió diciendo que si la intuición y fruición de la Majestad divina no le impidió sentir las emociones de reposo y alegría experimentadas al entrar en el cielo sin haber sufrido aquellas pruebas, se debla eso sencillamente a que las facultades del alma son varias y de jerarquía distinta: el entendimiento y la voluntad, facultades superiores a la sensibilidad, pueden estar absortos en la intuición y fruición de Dios, sin que esta absorción anule el ejercicio de la sensibilidad inferior.»

moneda falsa en manos de banquero experto.» Respondió entonces mi alma, y en parte dijo algo que es verdad: «Por lo que toca al Profeta, no compares mi estado espiritual con el suyo, por respeto a su dignidad, pues en [32] la dignidad profética ni aun debemos osar poner el pie. No tienes, por tanto, derecho a argüir en mi contra con el ejemplo del Profeta, mar de perfección en el cual naufragan, tanto la masa común de los fieles, como los escogidos... Y digo lo mismo del Alcorán, océano máximo, cuyo abismo es insondable porque no tiene fondo al cual se pueda llegar a orillas a las cuales se pueda arribar...»

[Sigue ponderando los sublimes misterios del Alcorán, inaccesibles a la razón natural, para inferir que no es tampoco justa la pretensión de contrastar su estado de conciencia con el modelo de la revelación alcoránica. Confiesa, en cambio que ya sería más discreto empeño el de comparar su estado espiritual con el de los ascetas de los primitivos siglos del Islam, cuya pobreza y austeridad en el vestir y en el comer pondera. Con la mira puesta en estos modelos, lbn 'Arabī sigue arguyendo contra su propia alma en estos términos:

En nombre de Dios te pido, ¡oh alma mía!, que me digas: «¿Acaso fuiste nunca más pobre que ahora, desde que habitas en la Casa Santa de Dios?» Mi alma me respondió: «Seguramente que no.» Mas yo le repliqué: «¡Loado sea Dios! ¿Cómo puede ser eso, si te veo vestir camisa, manto, zaragüelles [33], jubón, turbante, zapatos y capa, y te veo comer pan fino, carne fresca y confituras, y veo que te sirven los príncipes y que tus órdenes son obedecidas de tal modo, que si dices «haced esto», se hace, y si dices «no hagáis eso», no se hace? ¿Por dónde vas a ser tú como aquellos ascetas?... No eres, en verdad, de su linaje. Avergüénzate a los ojos de Dios y vuelve sobre tus pasos.

[Este primer defecto, confesado aquí por lbn 'Arabī, repítelo con nuevos pormenores, poco después, al examinar su conciencia a la luz de los ejemplos de austeridad y virtud que tras de sí dejaron 'Umar b. al-Jaṭṭāb, 'Uṯmān b. 'Affān[43], 'Alī b. Abī Ṭālib,

43 [NE. Hay un error de transcripción en la edición original, donde se transcribe 'Uṭmān que corregimos por 'Uṯmān].

Abū Bakr al-Ṣiddīq, Salmān al-Fārisī[44] y otros santos, Compañeros Muhammad. He aquí el pasaje relativo a esta nueva confesión de su falta de sobriedad en la mesa:] «—¿Obraste acaso tú, ¡oh alma mía!, con tus discípulos y compañeros, alguna vez de esa manera? ¿Preferiste para ellos el manjar delicado y para ti la bazofia?» Ella me respondió: «—¡No, por Dios! Antes bien, seguí con ellos una de estas dos maneras de obrar: si yo no tenía para mí otra cosa que el manjar que ante ellos para comer les ponía, acompañábalos a la mesa; pero si yo tenía algún plato más suculento [34], como dulces, bizcochos y cosas semejantes, me lo comía a solas, diciendo: «Este plato, como más fino y delicado, me corresponde a mí.» Con estos fútiles pretextos me engañaba a mí mismo, para no rebajarme a mis propios ojos al comerlo. Decíame, en efecto, para mis adentros: «Estos hermanos están todavía en el grado' del aprendizaje, y por eso conviene que yo no siembre en sus corazones el amor de los deleites sensibles dándoles de comer un plato como éste. En cambio, en el grado que yo estoy, ningún efecto puede ya producirme semejante manjar. No hay, pues, inconveniente alguno en que yo lo tome.» Y en tal estado de ánimo me lo comía, sin ver que Dios me había de pedir estrecha cuenta de los deberes que consigo lleva la vida en común, el ínfimo de los cuales me obligaba sin duda a participar de la bazofia que comían todos.

[Ante el ejemplo de Salmān al-Fārisī, del cual se dice que reducía todas sus pláticas a la lectura del Alcorán, huyendo de la oratoria retórica y florida, lbn 'Arabī obliga después a su alma a que confiese que muchas veces sentía fastidio del rezo alcoránico y de las otras devociones vulgares, encontrando, en cambio, gran placer en oír y recitar versos rebuscados y enfáticos, en las sesiones de canto religioso a que con los sufíes asistía. El pasaje tiene, además, [35] excepcional interés por la viva y pintoresca descripción de estas sesiones y de los éxtasis taumatúrgicos que en ellas acaecían. Dice así:] Recitaba el cantor sus versos llenos de flores retóricas y de seductores giros, y, al oírlo, me agitaba yo estremecido

44 [NE. Hay un error de transcripción por parte de Asín Palacios al referirse a él, ya que este célebre compañero del Profeta Muhammad no es Sulaymān al-Fārisī, como transcribe Asín en su original, sino Salmān alFārisī, como corregimos].

de emoción, y poniéndome de pie exclamaba: «¡Bravo! Por Dios juro que eso está muy bien.» Y así, juraba por Dios en falso. Entre tanto, aquel maldito cantor, instrumento de Satán, no cesaba de hacerme bailar, como lo hace el juglar con su mono, y cuando ya había logrado de mí lo que deseaba, dábame un bofetón y me hada caer de costado. Entonces, alguno de los presentes, de tan escasa piedad como yo, cubríame con un manto, como para dejarme ya en paz; yo me levantaba luego y me felicitaba de mi rapto, mientras los ángeles del cielo me daban el pésame por la ruina de mi fe y la pérdid a de mi razón[45].

Cuando la noche llegaba a su término, yo y aquel grupo de gentes, malvadas como yo, rendidos de fatiga de tanto danzar, apenas si lográbamos conciliar el sueño un momento y ya la aurora apuntaba. Nos [36] levantábamos, pues, para hacer las abluciones rituales (si es que aquello merecía el nombre de ablución) y en seguida nos íbamos a la mezquita. Esto último, cuando por la gracia de Dios ocurría así, porque, si no, lo más frecuente es que quienes en tal estado se encuentran hagan en sus ·casas la oración de la mañana en un santiamén y de cualquier manera, suprimiendo la mayor parte de los ritos. Después me acostaba a descansar. ¡Ah, Dios mío! ¡Vade Retro! ¡No es éste el camino de Dios!

Si por acaso me ayudaba Dios con su gracia más que a los otros, hacía mi ablución ritual y salía de casa a la mezquita; una vez dentro, si me decían que ya la oración pública había terminado, no experimentaba por ello tristeza alguna ni me importaba un bledo, antes bien hacía en privado mi oración y me marchaba tan tranquilo, como si nada hubiese perdido, con el corazón alegre y despreocupado, cual si con aquella actitud y estado de ánimo me dijese yo para mis adentros: «El mérito de la oración ritual en común ya lo he ganado con la intención de asistir a ella, y además Dios me ha ahorrado la molestia de soportar la lentitud del oficiante.»

Si, en cambio, llegaba a la mezquita a tiempo para asistir a la oración en común, entonces, una de dos: si me encontraba con el espíritu tranquilo y libre de toda fatiga, o bien asistía al oficio con

45 Cfr. Asín, "La mystique d'al-Gazzâlî", *Mélanges de la Faculté Orientale*, Beirut, 1914, tomo VII, pp. 94-95. Item, *El Islam cristianizado*, *op. cit.*, cap.VII: «El canto religioso», pp. 182-190.

[37] la imaginación fija en el recuerdo de la noche pasada, pensando en la hermosura de la sesión, en lo bien que recitaba aquel cantor y en la belleza de sus versos, de modo que hacía la oración completamente distraído y sin darme cuenta ni del oficio ni de las palabras, porque lo Único que hacía era ejecutar mecánicamente lo que a los fieles veía hacer: postrarme si se postraban, inclinarme cuando se inclinaban, levantarme si se levantaban y sentarme si se sentaban, o bien se apoderaba de mí el sueño —ésta es la segunda hipótesis— y entonces me limitaba a esperar que el oficiante acabase la oración, lleno de impaciencia ante la pesadez con que leía el Alcorán, maldiciendo de él en mi interior, odiándolo cordialmente y diciendo: «¡Qué pesado es este hombre! ¡Pues no ha comenzado con el capítulo IX o con el LVI del Alcorán [que son tan largos]! ¿Por qué no se ha contentado con los capítulos LXXXII u LXXXIX [que son los más breves], cuando el Profeta mismo es el que manda que los oficios sean cortos? ¡Eso es contrariar las costumbres tradicionales del Profeta!» ¡Oh, alma mía! Al indignarte en esa forma, al escandalizarte de aquello hacíaslo en verdad por motivos bien ajenos al celo religioso. Porque ¿cómo no te avergonzabas a los ojos de Dios ante el recuerdo de la noche anterior, en que te viste, alma mía, convertida en juguete de Satán, víctima de sus burlas, sometida por el cuello [38] al yugo de sus violentos golpes y sujeta tu cabellera por sus manos y, a pesar de todo ello, en vez de encontrar fastidio, sentías gran placer?

Pero la desgracia mayor de todas, la calamidad más grave, la enfermedad mortal y la catástrofe definitiva (que nadie sino Dios podría sondear) era que yo, estando como estaba en tal situación de ánimo, decía, sin embargo, que mi alma vivía con Dios y en Dios, que por Dios me levantaba en mis trances extáticos y que con Dios pronunciaba entonces mis frases enigmáticas y audaces y que hasta la unión con Dios había llegado, y que con Él hablaba, y que Dios me decía esto o lo otro. Aún llegaba a más alguno de aquellos necios como yo, pues irritado si se le contradecía, exclamaba: «¿Por qué no me interrogan cuando salgo de mi rapto extático?» Y por cierto que si se le hubiese interrogado habría quedado cubierto de vergüenza, sin saber qué decir. Y aun en el supuesto de que algo hubiese respondido, sus respuestas habrían sido mentirosas, igual que las que yo daba, como inspiradas por Satanás, que con astucia presenta al espíritu fantasmas engañosos, los cuales el iluso interpreta luego erróneamente. Ya lo predijo Dios [Alcorán, VI, 21]: «Los demonios inspirarán a sus clientes a que disputen con vosotros; si les dais oídos, vendréis a ser idólatras.» El falso místico es, pues, un cliente de Satanás, que por su lengua habla, y el que a sus palabras da oídos, entre los idólatras o politeístas se cuenta. Y no es preciso decir más sobre una reunión formada por politeístas y clientes de los demonios.

Mi maestro de espíritu que era de los místicos expertos en achaque de revelaciones y éxtasis, refirióme de un hombre, ciego de la vista corporal, pero de gran santidad, que asistiendo una vez a cierta sesión de estas de canto religioso, exclamó de pronto: «El diablo acaba de entrar aquí en figura de macho cabrío.» Y efectivamente lo vio que iba olfateando a todos los allí presentes, uno por uno. Añadió mi maestro que el ciego se sentó y comenzó a describir exactamente los rasgos externos característicos de todos los presentes, uno tras otro, tal y como eran por sus figuras y trajes, y al mismo tiempo decía: «¡Mira al maldito Satanás cómo va caminando hacia ellos y los va mirando!» Hasta que al fin exclamó: «Míralo cómo se fija en uno de ellos que lleva capa bermeja y la cabeza tocada con turbante y velo. Volveos hacia él.» Volvímonos —continuó mi maestro— y vimos que, en efecto, el sufí a quien aludía se esforzaba por caer en el éxtasis. El ciego siguió diciendo: «Ahora veo que el maldito Satanás se detiene ante ese hombre.» [40] Luego añadió: «¡Míralo cómo intenta atravesarlo con su cuerno!» Finalmente exclamó: «¡Ya lo embiste y lo cornea!» Y, en efecto, he aquí que aquel sufí lanzó un grito y, vencido por la fuerza del trance extático, se puso de pie y comenzó a proferir frases enigmáticas y audaces. Los concurrentes le imitaron poniéndose también de pie, mientras él seguía en aquella guisa.

C) DIGRESIÓN SOBRE LA LICITUD DEL CANTO RELIGIOSO Y LA DISCRECIÓN DE ESPÍRITUS.

[Interrumpe aquí lbn 'Arabī el diálogo que con su propia alma sostenía, para intercalar una digresión sobre la licitud del canto religioso. Después de citar varios textos alcoránicos y palabras del maestro Abū Madyan, que reprueban el empleo de los versos en los actos religiosos, desenvuelve su tesis en estos términos:]

Todos los maestros de espíritu que hayan practicado el ejercicio del canto religioso, una de dos: o bien habrá sido antes de alcanzar el grado de confirmación en la unión con Dios —y en tal período el canto religioso es ilícito, a nuestro juicio—, bien habrá sido después de alcanzar dicho grado y, en tal hipótesis, si practican ese ejercicio con sujeción a las condiciones taxativas que explicamos en otros lugares [41], puede pasar; pero teniendo en cuenta que con ello el tal maestro habrá descendido del sublime grado en que ya estaba a otro inferior y menos perfecto, por buscar un deleite sensible. Esta es la razón por la cual hablando de cierto maestro de espíritu a quien personalmente habíamos conocido y del cual entonces se nos dijo que era apasionadísimo del canto religioso (siendo así que anteriormente ni siquiera lo mentaba en sus enseñanzas), al consultarnos alguien entonces acerca del juicio que tal maestro nos merecía, dijimos: Ese maestro había alcanzado ya el grado de confirmación en la unión, mientras que el canto religioso pertenece, por el deleite sensible que produce, a un grado inferior en el camino de la perfección; luego, a mi juicio (aunque sólo Dios sabe la verdad), ya no es aquel mismo maestro confirmado en gracia. Porque ¿acaso no descendió voluntariamente de su alto grado, por darse una satisfacción sensible y mundana entregándose al goce de las emociones del canto religioso? Su alto grado de perfección servirá acaso de título para ennoblecer o sublimar al canto religioso, pero no a la inversa, pues el canto religioso se sublima por los místicos iluminados que lo practican, mas éstos jamás se ennoblecen con su ejercicio... Todo ello cuando se trate —como hemos dicho— de un maestro de espíritu que sea de altísima perfección, lo cual ocurre raras veces, [42] salvo en el caso de que Dios quiera conservarlo, a pesar de todo, en aquel grado sublime de confirmación en grada durante largo tiempo. Tenga, pues, presente el maestro de espíritu que, si es ya un místico iluminado y confirmado por Dios en la unión con El, puede ser depuesto de tan alto rango, y que si torna al ejercicio del canto religioso, su retorno significa un castigo que Dios le impone por algún pecado que habrá cometido. Cabalmente por eso se siente enamorado con pasión del canto religioso y sólo en éste experimenta sus éxtasis, y cuando el canto religioso le falta, no los experimenta. Es, pues, una insidiosa prueba a que Dios somete su virtud, para ver si se deja engañar. Llore, pues, por su alma y examine su conciencia. Es seguro que encontrará algún pecado que por fuerza ha debido cometer.

[Este problema de la licitud del canto religioso sugiere a Ibn 'Arabī la necesidad de discernir con cuidado en las emociones que el alma experimenta en el éxtasis, las que proceden de la gracia de Dios y las que, a pesar de todas las apariencias, se deben a sugestión diabólica o a estímulos naturales de la psicología humana. Estamos, pues, en presencia del interesante tema que los místicos cristianos llamaron, desde el siglo XVI, la *discreción* o *discernimiento de espíritus*, que Ibn 'Arabī desarrolla en los siguientes términos:] [43] Se dan en el hombre una multitud de estados psicológicos, todos los cuales se pueden reducir a dos, que se llaman aprieto y anchura del ánimo, o, si quieres, temor y esperanza, o, si te parece, fastidio y bienestar, o, si prefieres, encogimiento y familiaridad, etc. Ahora bien, siempre que el hombre (cualquiera que sea su condición, místico iluminado o simple novicio, confirmado ya en la gracia de la unión o expuesto aún a versatilidades de conciencia) se sienta afectado por alguno de estos estados de ánimo, es imposible que tal estado le afecte, sin la intervención de algún motivo o causa que lo produzca. Tan sólo un caso de excepción puede darse, y es aquél de que los maestros de espíritu hablan, a saber: cuando, en contados momentos, el alma experimenta la emoción de angustia o de desahogo, sin conocer su causa, y en estos casos los místicos expertos temen que tales emociones no sean alguna insidiosa prueba a que Dios los somete. Siempre, pues, que el hombre se sienta afectado por alguno de estos estados psicológicos, debe de examinar cuál sea el impulso o motivo que lo determina y en cierto modo se lo impone[46].

Si el motivo ha sido un versículo del Libro de Dios, entonces la emoción sentida se funda en sólido [44] cimiento. Y la prueba de ello es que el alma sensitiva, o apetito concupiscible, no es sujeto apto para recibir el Alcorán excelso, antes bien, por su pro-

46 Cfr. Asín, *Un precursor hispanomusulmán de San Juan de la Cruz, apud Al-Ándalus*, vol. I, fasc. 1, pp. 19-22.

pia naturaleza y esencia se le hace pesado o molesto. Todavía es más inverosímil que Satanás tenga parte alguna en la producción de esos estados psicológicos que experimenta al leer el Alcorán, puesto que Satanás no tiene otro medio de influir en ti que tu propia alma sensitiva y a ésta, como hemos dicho, le repugna, por su débil naturaleza, el soportar el Alcorán. Luego es imposible que del Alcorán surja un estado psicológico cualquiera, debido a influencia de Satanás o del alma sensitiva. Se ve, por consiguiente, que tal estado psicológico tiene que subsistir en el entendimiento, el cual subsiste en el espíritu y no en el alma sensitiva.

Mas el espíritu humano es amigo del ángel, y el ángel es amigo de la ciencia, de la sagacidad, de la inspiración, de la mano diestra, de la vida futura, de la vigilancia, de la verdad y de la certeza. Luego es preciso que en ese estado psicológico, que en ti se ha despertado al leer el Alcorán, exista el amigo de la ciencia o de alguna otra de las realidades que te acabamos de enumerar..., así como, en el caso de que el estado psicológico se deba a influencia de los versos, del canto religioso, del aplauso y de la música, únicamente puede subsistir en la concupiscencia [45] y ésta en el alma sensitiva, la cual es amiga de Satanás, cuyo aliento es la poesía erótica... De modo que Satanás es para el alma sensitiva lo mismo que el ángel para el espíritu: así como el ángel es el fiel administrador de las cualidades buenas que antes hemos enumerado en parte, así también Satanás lo es de sus opuestas, es decir, quedo de la ignorancia, como el ángel lo es de la ciencia; y dígase lo mismo de las otras cualidades: la sospecha y su opuesta, que es la sagacidad; la tentación, y su contraria la inspiración; la izquierda, opuesta a la derecha; la vida presente, contraria de la futura; la negligencia, opuesta a la vigilancia; el error, contrario a la verdad; la duda, opuesta a la certeza; el pecado, contrario a la virtud; el antropomorfismo en la concepción de Dios, contrario a la concepción de un Dios trascendente; el politeísmo, en sus varios grados, opuesto al monoteísmo, y así respecto de las otras cualidades opuestas, que sería prolijo enumerar en esta breve improvisación, pues se trata de un tema amplísimo, del cual aquí no cabe más que ofrecer un ejemplo esquemático.

Según esto, todo estado psicológico que nazca del Alcorán debe elevar al sujeto que lo experimenta hasta la posesión de alguna de aquellas buenas cualidades en grado más alto que el obtenido por el canto religioso. Y decimos «que nazca del Alcorán», en [46] el sentido de que dicho estado psicológico vaya acompañado, en la conciencia del oyente, de la idea que el texto alcoránico leído despertó y no de la representación fantástica (provocada por la lectura alcoránica) de alguna persona de quien el oyente esté enamorado o de la imagen de la mujer que él haya escogido como «hermana en Dios», según pretenden algunos sufíes. Todo esto exige, además, determinadas condiciones.

En cambio, todo estado psicológico que nazca de la poesía o del canto religioso, debe hacer descender al sujeto que lo experimenta hasta alguna de las cualidades inferiores, opuestas a las que el Alcorán provoca.

El misterio de esta diferencia está en que la fuerza evocadora del Alcorán tiene su raíz en ser éste la palabra de Dios, la cual, como santa por su esencia, está inmunizada contra toda imperfección y mácula, imposibles de concebir en él. Es, por tanto, absurdo suponer que provoque o determine en el alma otros estados psicológicos sino aquellos que sean conformes con la pureza nativa del Alcorán mismo. En cambio, la fuerza evocadora del verso tiene su raíz en ser éste palabra de la criatura, imperfecta por ende, manchada e incapaz de aspirar a la perfecta pureza, por razón de su propia esencia creada, mixta de perfección e imperfección. A lo más que puede llegar la poesía [47] es a esto: a ser algo mezclado de perfecto e imperfecto, sin lograr jamás la pura perfección; y desde este *summum* puede, naturalmente, descender hasta lo más bajo en la escala de lo imperfecto y de lo sucio. Es, por tanto, imposible suponer que provoque o determine en el alma sino estados psicológicos imperfectos y sucios.

Y cuenta que esto sucederá aun tratándose de los místicos iluminados que hayan llegado ya a la meta de la perfección. Con ellos, en efecto, hablo ahora y a ellos me refiero, es decir, a los señores y magnates de la vida espiritual, los cuales conocen bien por propia experiencia esto que estamos diciendo. Con los que ocupan grados inferiores a ellos, es decir, los postulantes y novicios, no tenemos para qué hablar de este tema. Por eso Abū Yazīd al-Bisṭāmī[47], al tratar del canto religioso como ejercicio espiritual de los místicos iluminados, niega rotundamente que constituya para ellos un grado de perfección y hasta los considera víctimas de un verdadero infortunio, del cual pide a Dios que a él personalmente lo libre, lo mismo que de otras gracias preternaturales, como son [48] las de recorrer instantáneamente grandes distancias, andar sobre el agua y por los aires. En cambio, pedía a Dios que lo hiciera apto para recibir de Él alguno de sus secretos misterios. Por consiguiente, si un maestro como Abū Yazīd hubiese creído que esos misterios divinos podía adquirirlos mediante el ejercicio del canto religioso, no habría rogado a Dios que lo preservase de él como de un peligro. Al tratar luego del novicio, dice: «Si veis al novicio inclinado a la práctica del canto religioso, tened por cierto que todavía queda en su alma un resto de afición a la frivolidad.» Consideraba, por tanto, Abū Yazīd el canto religioso una frivolidad para el novicio y un grave infortunio para el iluminado.

He citado estas palabras de Abū Yazīd únicamente porque llegó a mis oídos que cierta persona (de esas que obedecen ciegamente al criterio de autoridad en los problemas de la vida espiritual), cuando me oyó desaprobar el canto religioso (cuya esencia le expliqué con claridad tal, que acabó por darme la razón), decía luego: «Autoridad por autoridad, prefiero someterme a la de los antiguos maestros de espíritu, que aprobaban el canto religioso.» Por eso hemos citado las palabras de Abū Yazīd: porque era uno de los antiguos maestros y nuestras palabras coinciden con las suyas. También ha llegado a mi noticia, por conducto [49] fidedigno, que uno de esos que se las echan de maestros de espíritu, sin serlo en realidad, asistía asiduamente a nuestra clase, y al oírnos tratar del canto religioso y de su licitud, pero demostrando que, aunque lícito, su ejercicio implicaba imperfección en los grados de la vida espiritual (para lo cual dábamos su definición exacta y señalába-

47 Famoso místico oriental del siglo IX de J. C. Es difícil averiguar a cuál de sus obras corresponden las citas que Ibn 'Arabī inserta en este pasaje. Massignon, en su *Essai sur les origines du lexique technique de la mystique musulmane* (París, Geuthner, 1922), pp. 243-256, no alude, al estudiar extensamente la doctrina de Bisṭāmī, a estas ideas suyas sobre la licitud del canto religioso.

mos los peligros a que puede conducir a quienes lo practican), se llenó de ira y dejó de asistir. Pregunté luego por él para saber qué le había pasado, y me dijeron que decía: «Los maestros de espíritu, como Ibn al-Daqqāq, 'Abd al-Razzāq y otros, practicaban ya el canto religioso».[48]

Al oír esto, no supe de qué maravillarme más: si de su ignorancia al juzgar de la verdad de una doctrina por los hombres que la profesan (puesto que a los hombres es a quienes no se les reconoce más que mediante la doctrina que profesan, mientras que la verdad de ésta jamás se la reconoce mediante los que la defienden), criterio sintomático de su crasa ignorancia y ciega sumisión al principio de autoridad, del cual criterio, ¿cómo esperar en materia científica éxito [51] alguno para quien lo sigue ni mucho menos para los demás?, o bien si maravillarme de sus cortos alcances para enterarse de la doctrina que le habíamos expuesto acerca del canto religioso, puesto que nosotros no lo prohibíamos, antes bien declarábamos lícito el recitar poesías y el cantar, en la medida que la Revelación textualmente consigna, y sólo después de eso tratábamos de la imperfección que implica ese ejercicio en los grados de la vida espiritual, fijando el lugar preciso que ocupa entre ellos y la diferencia que lo separa de los demás, lo mismo que se establece por los maestros la diferencia que hay entre el que pone abnegadamente su confianza en sólo Dios y el simple asceta.[49]

48 No me es posible identificar la personalidad del segundo, cuyo nombre falta en las dos obras citadas de Massignon, tan ricas en índices onomásticos. El primero parece ser Abū 'Abd Allāh Muḥammad ibn al-Daqqāq, natural de Siŷilmāsa (Marruecos), fue uno de los maestros de Abū Madyan en Fez. Cfr. A. Bel, *Sidi Bou Medyan et son maître Ed-Daqqāq à Fès, apud Mélanges R. Basset* (París, Leroux, 1923), I, pp. 31-68.

49 Suprimo en mi análisis el contenido de los ff. 12 v al 21 v, en que termina Ibn 'Arabī el diálogo con su alma, porque nada encierran de interés para su autobiografía.

[51]

III

Biografías de sus maestros de espíritu[50]

Esta tercera parte de la *Risāla* es, como dijimos, su asunto principal y, por ello, la más extensa. Ibn ʻArabī entra en ella bruscamente, sin prólogo que la prepare ni transición que la justifique. Basta, sin embargo, la lectura de las dos partes anteriores para explicarse sin esfuerzo el objeto de esta tercera: enfrente de los ejemplos de corrupción y decadencia que la espiritualidad oriental le ofrecía, Ibn ʻArabī quiere presentar los de virtud y perfección de que fue testigo durante los cuarenta años que vivió en occidente; a la vez, estos ejemplos de sus maestros y hermanos en religión sírvenle de motivos eficaces para su humillación propia y de estímulos para la enmienda de los defectos advertidos y confesados en la parte segunda.]

50 *Esc.*, f. 21 v – 40; *Mor.*, ff. 28-51 v.

[51] 1. Abū Ŷa'far al-'Uraybī[51] [52]

51 [NE. Este nombre ha sido controvertido. Si bien es cierto que en los manuscritos *Esc.* y *Mor.* aparece como al-'Uryanī, esto posiblemente se deba a un errordel copista que tal vez cambió una *bā'* (ب) por una *nūn* (ن). Este error persiste en *Sufis of Andalusia* (1971), edición que realizara R. Austin, pero aparece subsanado en árabe en la edición con comentarios de M. Ghurab (1994, pp. 66 y ss.) que concuerda con *Futūḥāt* (véase la siguiente nota original de Asín Palacios). También aparece, pero con la vocalización de al-'Uryabī, en *La búsqueda del Azufre Rojo* de Claude Addas (1993, pp. 49-51). Pero tras la consulta con Pablo Beneito, Stephen Hirstenstein y otros expertos contemporáneos sobre Ibn 'Arabī he preferido adoptar al-'Uraybī. Esta es, además, la opción propuesta por Jorge Lirola en la entrada sobre Ibn 'Arabī en su *Enciclopedia de al-Ándalus. De Ibn Aḍḥà a Ibn Bušrà* (2009, p. 165)].

52 *Esc.*, f 21 v; *Mor.*, 28 r. Este maestro es el que en *Futūḥāt* llama Abū l-'Abbās. Son varios los pasajes de *Futūḥāt* en que Ibn 'Arabī habla con encomio de este su primer director espiritual. *(Futūḥāt*, I, 241, 318, 722; II, 114, 234, 266; III, 442, 696, 705.) En casi todos ellos pondera sus dotes o insinúa de paso algunos de los temas característicos de su doctrina ascético-mística, v. gr., limosna, pecado original, abnegación, intercesión, etc. Los datos biográficos más interesantes para identificar su personalidad son los de *Futūḥāt*, III, 696 y 705:

«Estaba yo sentado cierto día en Sevilla ante nuestro maestro de espíritu Abū l-'Abbās al-'Uraybī (que era de Olya, en el occidente de al-Ándalus) y entró a verle un hombre, con el cual comenzó a tratar acerca del beneficio y la limosna.» — «Hacía mucho hincapié en esta doctrina [de la abnegación] nuestro maestro Abū l-'Abbās al-'Uraybī, que era de Olya, en el Algarbe de al-Ándalus.» (Para la identificación de Olya [العلياء] con Loule, cerca de Silves, en el Algarbe de Portugal, cfr. *Ibn Said*, ms. ár. 80 de la Ac. de la Hist., ff. 199 v, 213 v; *Marrekoshi* [edic. Dozy], 272.) «Fue éste el primer director espiritual a quien servía y de cuyas luces me aproveché».

El pasaje más característico para conocer la diferencia esencial entre el método espiritual de Abū l-'Abbās y el de Mūsà b. 'Imrān de Mértola, es el siguiente (*Futūḥāt*, II, 234): «Entré a casa de mi maestro Abū l-'Abbās al-'Uraybī en ocasión en que mi alma se sentía hondamente turbada ante el espectáculo de las gentes, a quienes veía rebeldes y empeñadas en contradecir la ley de Dios. Mi maestro me dijo: «¡Querido mío, preocúpate de Dios!» Salí de su casa y entré a la de mi otro maestro, Abū 'Imrān de Mértola, el cual, al conocer miestado de ánimo, me dijo: «¡Preocúpate de ti mismo!» Entonces exclamé: ¡Oh, señor mío! Perplejo me quedo entre vosotros dos: Abū l-'Abbās me dice: «¡Preocúpate de Dios!», y tú me dices: «Preocúpate de ti mismo», siendo así que ambos sois dos maestros que me dirigís por el camino de la verdad.» Echóse a llorar Abū Imrān y me dijo: «¡Ah, querido mío! Lo que te indica Abū l-'Abbās es la verdad, y a ello hay que volver. Lo que sucede es que cada uno de nosotros te indica lo que su propio estado místico le exige. Yo espero, sin embargo, que Dios querrá hacerme alcanzar el grado de perfección a que Abū l-'Abbās ha aludido. Escucha, pues, su consejo, pues es el más conveniente

De entre todos mis maestros, el primero a quien encontré en el camino de Dios fue Abū Ŷa'far al-'Uraybī[53]. Llegó a Sevilla, donde vivíamos, cuando yo [53] comenzaba a iniciarme en el conocimiento de este sublime método de perfección espiritual, y fui uno

para mí y para ti.» ¡Ah, y qué hermosa es [dice Ibn 'Arabī] la ecuanimidad de los sufíes! Volví entonces a casa de Abū l-'Abbās y le referí lo que me había dicho Abū 'Imrān. Díjome Abū l-'Abbās: «—Ha dicho bien Abū 'Imrān, porque él te indicó cuál es el camino de la perfección, mientras que yo te indiqué cuál es el compañero de viaje. Obra, pues, tú conforme a lo que él te dijo y conforme a lo que yo te dije; es decir, junta en una ambas preocupaciones: la del camino y la del compañero; porque todo el que no va por el camino de la perfección acompañado de Dios, que es la Verdad, no puede tener certeza de su salvación.»

«Es el Jaḍir el compañero de Moisés [cfr. Alcorán, XVIII, 62 y ss.], a quien Dios prolongó la vida hasta ahora (contra lo que afirman los teólogos esotéricos que interpretan en sentido alegórico las tradiciones auténticas Muham-mad), y yo lo he visto varias veces. Con él nos ocurrió un suceso maravilloso, y fue que nuestro maestro Abū l-'Abbās al-'Uraybī discutía en cierta ocasión conmigo acerca de quién era una persona a la cual el Profeta había regocijado con su aparición; él me dijo: «Es Fulano, hijo de Fulano», y me nombró a un individuo a quien yo cono-cía de nombre, pero no de vista, aunque sí conocía personalmente a un primo suyo. Yo me quedé vacilando y sin decidirme a aceptar lo que el maestro me aseguraba de aquel individuo, porque yo creía tener motivos bastantes para saber a qué atenerme respecto del asunto. Indudablemente, mi maestro se sintió defraudado por mi actitud y se molestó, pero interiormente, pues yo entonces no me di cuenta de ello, porque esto ocurría en los principios de mi vida religiosa. Me marché, pues, a mi casa, y cuando iba andando por la calle, topé con una persona, a la cual no conocía, que se adelantó a saludarme con el afecto de un amigo cariñoso, diciéndome: «—¡Oh, Muḥam-mad! Da crédito a lo que te ha dicho el maestro Abū l-'Abbās acerca de Fulano», y me nombró a aquella misma persona mencionada por Abū l-'Abbās al-'Uraybī. Yo le contesté: «—Así lo haré.» Entendiendo, pues, lo que me había querido decir, regresé inmediatamente a casa del maestro para contarle lo que me acababa de ocurrir. Mas así que hube entrado, exclamó: «—¡Oh Abū 'Abd Allāh!, pero ¿es que voy a necesitar que el Jaḍir se te presente y te diga: «¡Da crédito a Fulano en lo que te ha dicho!», siempre que tu espíritu vacile en aceptar la solución que a un problema cualquiera te proponga? ¿De dónde te vienen esas dudas acerca de toda cuestión que me oyes resolver?» Yo entonces le dije: «—¡En verdad que la puerta del arrepentimiento está abierta!» Y él me respondió: «—¡Y de esperar es que Dios te lo acepte!» Entendí entonces que aquel hombre era el Jaḍir, e indudablemente lo era, pues le pregunté al maestro: «—¿Era él en efecto?» Y me respondió: «—Efectivamente era el Jadir.» (*Futūḥāt*, I, 241.)

53 [NE. Ghurab, en su edición comentada, incluye el nombre de Aḥmad tras el de Ŷa'far. Cfr. Ghurab, 1994, p. 66]

de los que se apresuraron a acercarse a él. Entré, [54] pues, a visitarle y me encontré con un hombre completamente entregado a la práctica de la oración mental. Le di mi nombre, y así que hubo conocido lo que de él deseaba, me dijo: «—¿Estás firmemente decidido a seguir el camino de Dios?» Yo le respondí: «—El siervo, decidido está; pero Dios es quien otorga la firmeza.» Entonces me dijo: «—Cierra, pues, la puerta, corta los lazos de las cosas de acá abajo y siéntate a esperar que el Dador generoso de todo bien te hable tras de los velos que lo ocultan.» [55] Puse en práctica seguidamente sus consejos hasta que Dios se me reveló.[54]

Era este maestro un campesino iletrado que no sabía ni escribir ni contar; pero cuando hablaba de la ciencia de la unificación[55], no había ya más que oír. Con su sola intención fijaba las ideas como si las consignara por escrito, y con su palabra ponía al descubierto la realidad positiva de los seres. Jamás lo verías sino haciendo oración mental, previamente purificado con la ablución ritual y orientado en dirección al templo de la Kaaba. La mayor parte de su tiempo lo pasaba ayunando.

Cogiéronlo cautivo los cristianos[56], tal y como él lo había previsto, pues a las gentes de la caravana con la cual iba de viaje, les dijo: «Mañana nos cogerán cautivos a todos.» Y, en efecto, al amanecer se les presentó de improviso el enemigo y los cogió cautivos sin dejar uno. Hospedáronle honrosamente durante su cautiverio, destinándole una habitación limpia y hermosa, en la cual trabajaba. Luego concertó su rescate con el infiel a quien pertenecía, por la suma, creo, de quinientos dinares. Vino, pues, a [56] dijo: «—Te la reuniremos tomándola de dos o tres personas.» Pero él respondió: «—No quiero tomarla si no es recogiéndola de muchas personas. Si me fuese posible reunirla tomando de cada hombre un solo céntimo, lo haría, porque Dios me ha asegurado que hasta un simple aliento con el cual se pague algo

---

54 [NE. Esto corresponde con la gran visión *(ra'aytu mušāhadata 'ayn)* que tuvo en Córdoba, en la cual Ibn 'Arabī contempló a los distintos profetas y vio al propio al-'Uraybī a los pies de 'Īsà (Jesús). Cfr. Addas, 1993, p. 75.]»

55 Esta palabra —*tawḥīd*— tiene aquí el sentido técnico de «la unificación o unión íntima del alma con Dios en el éxtasis».

56 Literalmente «los francos» *(al-afranŷ)*. Entre los musulmanes de España, este nombre designaba los cristianos de la región nordeste.

que sirva de rescate del fuego del infierno, es cosa que aprovecha a todo el pueblo Muhammad.» Otro de los hechos que le sucedieron fue [así siempre, pues hay que corregir la acentuación según las normas actuales] que, estando en Sevilla, en nuestra casa, Dios le dijo: «Los habitantes de Qaṣr Kutāma[57] están necesitados de lluvia. ¡Anda, pues, a ellos y hazles la oración *ad petendam pluviam*, a fin de que Yo les dé el agua que necesitan!» Nos contó esta revelación y salió de Sevilla con dicho objeto, acompañado de Muḥammad, uno de sus discípulos. Como entre nosotros y los habitantes de Qaṣr mediaba el mar y una distancia de ocho días, alguien le dijo: «—Ruega a Dios por ellos desde aquí.» Pero él replicó: «—Se me ha mandado que salga para ir a ellos.» Salió, pues, de Sevilla, y cuando ya llegaba a Qaṣr Kutāma y dominaba la población desde una altura, se vió imposibilitado de entrar en ella e hizo desde allí la oración *ad petendam pluviam*[58], sin que los habitantes se enterasen [57], y Dios, en el mismo instante, les dió el agua. Regresó seguidamente desde aquel lugar, sin entrar en el pueblo, y al llegar a Sevilla nos dijo su fámulo Muḥammad, el que había ido con él: «Cuando Dios les envió el agua, y la lluvia caía a raudales, el turbión nos envolvía por la derecha y la izquierda, por delante y por detrás; pero nosotros íbamos andando, sin que nos tocase ni una gota. Díjele entonces al maestro: «—¡Refúgiate [si puedes adonde la misericordia de Dios no te alcance!» El dió un grito y exclamó: «—¡Por ella soy conducido, oh Muḥammad b. 'Arabī![59] ¡Qué lástima! ¡Si de ella me hubiese acordado allí! [en Sevilla]»?[60]

Entró a visitarle un hombre acompañado de su hijo. Yo estaba sentado a su vera. Saludó el hombre y dijo a su hijo: «¡Salúdale!» El maestro, a la sazón, había ya perdido la vista. El hombre aquel dijo enton-

57 Nombre primitivo de Alcázarquibir. Cfr. *Archives Marocains*, II, fasc. 2, p. 19.

58 [NE. Ibn 'Arabī se refiere a la *ṣalāt al-istisqā'* (azalá para la petición de lluvia) que Asín Palacios tradujo desde la oración utilizada en el catolicismo: *ad petendam pluviam*. Una de las fuentes más autorizadas del islam sunní, el *Ṣaḥīḥ al-Bujārī*, le dedica por completo el libro 15 con más de 34 hadices sobre el asunto].

59 Aquí declara implícitamente Ibn 'Arabī haber sido él quien acompañó a Abū Ŷa'far en aquel viaje.

60 El sentido paréceme ser éste: «La misericordia de Dios me acompaña y conduce a doquiera que vaya. La lluvia, efecto de la misericordia divina, estaba, pues, a mi disposición sin necesidad de haber salido de Sevilla.».

ces al maestro: «¡Señor!, este hijo mío lleva el Alcorán y lo conserva de memoria.» Demudóse el maestro, y dando un grito cayó en éxtasis, y dijo: «¡El Ser Eterno es el que lleva al ser temporal! El Alcorán es el que sustenta a tu hijo y nos [58] conserva a nosotros»[61]. Y esto que dijo era indicio de cómo andaba siempre en la presencia de Dios. Era hombre de tan sólida piedad, que no le hacía mella reproche alguno, viniera de quien viniera. Cuando yo entraba a visitarle, decíame a menudo: «¡Bien venido seas, hijo piadoso! Todos mis hijos me contradicen y reniegan de mis beneficios, excepto tú, pues sólo tú los confiesas y reconoces y sólo tú me colmas de honores. ¡Plegue a Dios que jamás te los borre de la memoria!»

Preguntéle una vez qué le había ocurrido con Dios en el comienzo de su iniciación, y me contestó: «Todo lo que yo necesitaba ganar para el sustento de mi familia durante el año eran ocho costales de higos secos, de a cien libras cada uno. Cuando yo, pues, dejé de trabajar para consagrarme al trato con Dios en la soledad, mi mujer comenzó a gritarme y a injuriarme, diciendo: «¡Levántate de ahí y trabaja y trae a casa lo necesario para mantener a tus hijos durante este año!» Con estas palabras mi mujer me turbó en mi propósito, y dije en mi interior: «¡Oh, Señor!, esta mujer va a ser un obstáculo que [59] se alce entre mí y Tú, pues no dejará de perseguirme sin cesar. Si, pues, Tú quieres que yo me consagre a tu trato, líbrame de la preocupación de mi mujer. Y si no me quieres para Ti, dámelo a conocer.» Dios, entonces, me comunicó en lo más íntimo de mi espíritu esta respuesta: «¡Oh, Aḥmad!, siéntate tranquilo, pues no pasará este día, sin que yo te traiga veinte costales de higos, lo bastante para mantener a tu familia dos años y medio, y más y más todavía. ¡Siéntate, pues, a conversar con Nos y no ceses!» Apenas habría pasado una hora, cuando he aquí que un hombre llamaba a la puerta, trayendo al hombro un costal de higos de regalo. Díjome entonces Dios: «Éste es uno de los veinte.» Aún no se había puesto el sol, y ya tenía en casa los veinte costales completos. Mi mujer y los niños se llenaron de alegría, y además mi mujer me dió las gracias, completamente contenta de mí.»

61 El doble sentido de la frase nace de que las palabras «ḥamala», *llevar,* y «ḥafaẓa», *conservar,* significan aquí por el contexto *poseer una ciencia* y *guardar en la memoria*, respectivamente.

Era hombre de mucha meditación y lleno siempre de alegría en todos los estados de su trato espiritual con Dios. En la última visita que le hice, acompañado de un grupo de hermanos en religión, nos la encontramos sentado. Después que lo saludamos, uno de los del grupo quiso hacerle una consulta; pero antes que se la hiciera, he aquí que el maestro, levantando la cabeza, dijo: «Tomad, ahí tenéis un problema que te propongo a ti, Abū Bakr —[62] y me señaló [60] a mí —: No acabo nunca de maravillarme de aquel dicho de Abū l-'Abbās Ibn al-'Arīf[63]: «Hasta que se aniquile el que no existió, y subsista el que no dejó de existir[64].» Porque nosotros sabemos que el que no existió es un ser aniquilado, y el que no dejó de existir es un ser subsistente. ¿Qué es, pues, lo que quiso decir Abū l-'Abbās? Respondedme.» Entre todos los del grupo no hubo uno que le respondiera.

A mí, en cambio, se me ofreció la respuesta que convenía dar, estuve ya a punto de resolver el problema; pero no llegué a pronunciar palabra, porque me era muy violento el hablar; y como el maestro sabía muy bien que yo era así, no insistió.

62 Ibn 'Arabī, en efecto, tenía como parte de su nombre el apelativo de Abū Bakr.

63 Cfr. Autob. cronol., párrafo 17. — Místico de Almería, muerto en Marruecos (1141 de J. C.) y autor de un opúsculo esotérico titulado *Maḥāsin al-maŷālis*, cuya edición con traducción francesa y comentario he publicado recientemente: *Ibn al-'Arīf, Maḥāsin al-maŷālis* (París, Geuthner, 1933). Una traducción española del opúsculo, con un estudio previo sobre la vida del autor y su ideario místico, publiqué en el *Boletín de la Universidad de Madrid,* 1931. [NE. Recientemente Ahmed Shafik ha publicado *Miftāḥ al-sa'āda* (La llave de la felicidad) de Ibn al-'Arīf (2014, Fundación Ibn Tufayl), una de las obras clave del autor y del sufismo almorávide].

64 Su sentido parece aludir a la inconsciencia del éxtasis, en el cual se aniquila en el alma del místico la conciencia de su propio ser (que como criatura es realmente nada per se) y subsiste sólo la presencia de Dios que, como Ser eterno, jamás dejó de existir. [NE. Es probablemente un dicho sintetizado de la enseñanzas de Ibn al-'Arīf. Confróntese con el contenido de la sesión novena de *Maḥāsin al-maŷālis* cuando Ibn al-'Arīf habla de la problemática de la aniquilación. En especial debe complementarse con este fragmento que describe la permanencia de lo numinoso sobre la existencia: «Contempla, en fin, la necesidad que de Él tienen los actos [todos] y la aniquilación de la existencia de éstos, fuera de Él». Cfr. *Mahasin al-Machalis* (ed. Asín Palacios), 1987, pp. 68-72. Ghurab, en su edición, dedica una extensa nota a comentar el significado del dicho de Ibn al-'Arīf, pero no ofrece ningún dato sobre su origen. Ghurab, pp. 69-72, n. 2]

Para dormir, jamás se despojaba de sus vestidos. En el ejercicio del canto religioso no se conmovía; en cambio, cuando oía recitar el Alcorán, sentíase tan contrito y emocionado, como si sus entrañas estuviesen [61] en ebullición. Yo hice una vez la oración del alba en su compañía, en la casa de mi querido y sincero amigo Abū 'Abd Allāh al-Jayyāṭ (el sastre), conocido por el sobrenombre de el segador, y de su hermano Abū l-'Abbās Aḥmad al-Ḥarīri[65]. Leía, el que oficiaba, el principio del cap. LXXVIII del Alcorán, y cuando llegó al versículo sexto, en que dice Dios: «¿Acaso no hemos establecido a la tierra como un lecho y a las montañas como pilares?», me distraje y no seguí la lectura del oficiante ni oí ya nada de lo que decía; pero vi al maestro Abū Ŷa'far que estaba, en tanto, diciendo:

«El lecho es el mundo, y los pilares son los creyentes. El lecho son los creyentes, y los pilares son los iluminados. El lecho son los iluminados, y los pilares son los profetas. El lecho son los profetas, y los pilares son los enviados o apóstoles. El lecho son los enviados...

¡Veamos! ¿Qué?» Y siguió citando, de las sentencias esotéricas primarias, cuantas quiso. En esto volví en mí, cuando el oficiante leía (versículos 38-39): «Y dijo lo justo. Aquel día es el de la verdad.»[66] Cuando, luego, hubimos terminado la oración, yo le interrogué y me encontré con que a él también le había venido a las mientes, durante la lectura del versículo aquél, lo [62] mismo que yo había experimentado en mi visión extática.

En cierta ocasión un hombre lo echó al suelo para degollarlo con el cuchillo que en la mano tenía. El maestro tendióle su cuello; pero sus discípulos trataron de sujetarlo. Entonces les dijo el maestro: «¡Dejadle que haga lo que le han mandado!» Y diciendo esto, tomó el cuchillo con el objeto de pasarse él mismo su filo por su propia garganta. Dios, sin embargo, hizo que el cuchillo se le cruzase en la mano y se le cayese al suelo. El asesino entonces se arrojó a sus pies arrepentido.

---

65 Cfr. infra, biografías nos 9 y 10. El apodo del primero es allí *al-Jayyāṭ* sólo, y el del segundo es allí *al-Farrāz* (el zapatero) en vez de al-Ḥarīrī.

66 [NE. Es muy interesante este fragmento pues en él se revela la compleja noción cosmológica de jerarquías superpuestas, jugando con la distinción entre lo uno y lo múltiple, llevando al límite la noción de identidad, hasta devenir en una espiral en vez de una pirámide].

Si no fuera por evitar la prolijidad, mostraríamos todavía muchas otras maravillas de este maestro y de otros que, por la misma razón, ni mencionaremos siquiera. De sus frases, llenas de alusiones simbólicas, algunas las profirió con ocasión de ciertas conferencias que con nosotros tuvo sobre cuestiones de teología mística, relativas a las estancias o moradas del camino de la perfección y a otros temas. También compuse acerca de este maestro unas estrofas, que ahora no he de citar.

[63] 2. Yūsuf al-Kūmī[67]

Nuestro maestro de espíritu y doctor Abū Ya'qūb Yūsuf b. Yajlaf al-Kūmī al-'Abbāsī fue discípulo personal de Abū Madyan y trató

67 *Esc.*, f. 23r; *Mor.*, f. 29 v. — Cfr. *Futūḥāt*, I, 327: «Decía nuestro maestro Abū Ya'qūb Yūsuf b. Jalaf *[sic]* al-Kūmī: «Entre nosotros y Dios, que es la Verdad que buscamos, álzase una empinada cuesta. A los pies de esta cuesta estamos, por razón de nuestra naturaleza física o corpórea, y desde su parte inferior ascendemos sin cesar por la cuesta hasta que llegamos a su cumbre. Una vez que la dominamos y atalayamos desde la cima lo que a la espalda quedó, ya no volvemos atrás, porque tal retorno es imposible.»
Futūḥāt, hég., III, 58: «Yo me aparté del mundo para vivir aislado en los cementerios durante algún tiempo. Llegóme entonces la noticia de que mi maestro Yūsuf b. Jalaf [sic] al-Kūmī decía que Fulano (refiriéndose a mí) había abandonado el trato de los vivos para irse a tratar con los muertos. Yo entonces le envié un recado diciéndole: «Si vinieses a verme, verías con quién trato.» Hizo la oración de media mañana y se vino adonde yo estaba, pero solo, sin que nadie le acompañara. Fue preguntando por mí, hasta que me encontró, en medio de las tumbas del cementerio, sentado, con la cabeza baja y conversando con uno de los espíritus que se me habían presentado. Sentóse a mi vera, poquito a poco y con mucho respeto. Le miré y vi que su color se había demudado y que su alma sentía tales angustias, que ni siquiera podía levantar la cabeza, abrumado como estaba por la postración. Yo, entre tanto, mirábale sonriéndome, pero sin hacerle sonreír, de lo muy triste que estaba. Así que hube yo acabado mi misteriosa plática, fue poco a poco disminuyendo la preocupación del maestro, hasta que al fin se tranquilizó y, volviendo hacia mí su rostro, besóme en la frente. Entonces le dije: «¿Quién es el que trata con los muertos, yo o tú?» Él me respondió «¡No, por Alá! ¡No eres tú; antes bien, yo soy el que trata con los muertos! ¡Por Alá, que, si la escena se hubiese prolongado algo más, de seguro que me ahogo de emoción!» Marchóse después y me dejó allí solo. Desde entonces decía a cada paso: «¡El que quiera aislarse del mundo, que se aísle como, Fulano!»

también a otras [64] autorizadas personalidades en estas tierras de occidente. Afincó después en tierras de Egipto algún tiempo y se casó en la ciudad de Alejandría. El erudito tradicionista Abū Ṭāhir al-Silafī deseó mucho emparentar con él.[68] Se le ofreció el cargo de gobernador de Fez y lo rehusó. En el camino de la perfección asentó su pie sólidamente. Tanto, que el mismo Abū Madyan, es decir, la lengua y el intérprete de este método de vida espiritual en tierras del Mugrib, decía de él: «Abū Ya'qūb es como el áncora firme para el barco.» Era hombre rico, de muchos ingresos, y hacía sus limosnas en secreto. Honraba al pobre y vilipendiaba al rico. Apresurábase a satisfacer las necesidades del pobre por sí mismo, personalmente.

Yo entré bajo su dirección espiritual y él fue quien me educó y me crió. ¡Oh, y qué buen maestro y educador fue para mí! Mi compañero 'Abd Allāh Badr el Abisinio[69], que lo vió y pasó las noches en su casa, decía de él: Cuando el maestro quiere, toma [65] al novicio y lo alza desde el más ínfimo grado hasta el más alto en un abrir y cerrar de ojos.»

Era un místico de grandes aspiraciones. La regla de vida que principalmente seguía era la de los *malāmíes*.[70] Pocas veces lo encontrarías sin el ceño fruncido; pero así que veía a un pobre, un relámpago de alegría disipaba las nubes de su cara. Yo lo he visto atraer hacia sí al pobre, hasta sentarlo sobre sus rodillas. A sus discípulos los servía él mismo en persona.

---

68 Este famoso tradicionista, maestro de muchos alfaquíes españoles, era de Ispahán, donde nació el año 475 hég. (1082 de J. C.), y se trasladó a Alejandría, donde enseñó públicamente en la escuela construida para él por el Gobierno. Murió allí mismo el año 576 (1180). Cfr. Brockelmann, *Geschichte d. ar. litt.*, I, 365.

69 *Cfr. Autob. cronol.*, párrafos 20, 26, 30.

70 Escuela sufí, originaria de oriente, cuya regla esencial consistía en ocultar a los ojos de los hombres la interior perfección espiritual, bajo apariencias de vicio o imperfección moral, que atrajesen sobre el místico los vituperios y el desprecio de los fieles, a fin de evitar así el grave peligro de la vanidad espiritual. Cfr. Nicholson, *Kashf al-mahjub* («Gib Memorial», XVII; Leyden, Brill, 1911), pp. 62-69, 183-184. [NE. Para una mayor profundidad sobre la presencia de la *malāmatiyya* en la biografía y pensamiento de Ibn 'Arabī, véase Addas, 1993, pp. 70-71; 151-152].

En sueños lo vi una vez con el pecho abierto y en su interior una lámpara que alumbraba como si fuera el sol. Decíame: «¡Muḥammad, trae!» Y yo le traía unas grandes escudillas blancas. El entonces iba vomitando en ellas leche, hasta que las llenaba. Yo me bebía una, mientras él seguía llenando otra[71].

Grandes son las gracias que yo logré por la intercesión y trato de este maestro, así como por la de Abū Muḥammad el de Morón. (De éste haremos mención más adelante, si Dios quiere)[72].

[66] La primera cuestión que me propuso, la vez primera que lo vi (en la cual, por cierto, ya se consagró a mí con toda su alma) fue ésta: «¿Qué pecado comete el que pasa por delante de uno que está haciendo la oración ritual, hasta el punto de que se le imponga en la otra vida el castigo terrible de quedar detenido en el purgatorio durante cuarenta otoños?» Yo le contesté lo que entonces se me ocurrió, dentro de mis limitadas facultades, y mi respuesta le llenó de gozo.

Cuando me sentaba delante de él, lo mismo que ante cualquiera otro de mis maestros espirituales, temblaba yo como la hoja en un día de fuerte viento: la voz de mis palabras se alteraba y mis miembros todos se quedaban como entorpecidos y embotados, hasta tal punto que el maestro, al darse cuenta de ello por sólo mi aspecto, se esforzaba en tratarme con toda familiaridad y llaneza, a fin de disipar mi timidez; pero todo esto no servía sino para aumentar en mí el respeto y la veneración que me inspiraba. Él me amaba realmente; pero no me lo mostraba a las claras, antes bien me apartaba de su intimidad mientras atraía hacia sí a mis condiscípulos y aprobaba cuanto éstos decían, mientras que a mí me reprendía en las clases y reuniones públicas; tanto me injuriaba e insultaba, que todos mis condiscípulos, los que conmigo estaban bajo su dirección espiritual y a [67] su servicio, acabaron por considerarme como dotado de muy poca vocación. Sin embargo, de todo aquel grupo de discípulos, sólo yo (¡loado sea Dios!) acabé por salir con éxito del noviciado. Y así lo decía luego el maestro.

---

71 Ibn ʿArabī alude, sin duda, a las enseñanzas esotéricas que de su maestro recibió, simbolizadas en la leche de este ensueño.

72 *Cfr. infra*, biografía n° 14.

Una de las maravillas que de este maestro vi con mis propios ojos, fue la siguiente: Yo no había visto jamás todavía la *Risāla* de Qušayrī[73] ni ningún tratado de mística de otros autores; ni siquiera sabía que autor alguno hubiese escrito obras de esta materia; es más: ni aun conocía qué sentido pudiese tener la palabra sufismo. Pues bien: montó cierto día a caballo mi maestro, mandándome a mí y a otro de mis condiscípulos que saliésemos hacia Monteber[74], que es un elevado monte, a una parasanga de Sevilla. Salí, pues, yo con mi compañero, a la hora de abrirse la puerta de la ciudad. Mi condiscípulo llevaba en la mano la *Risāla* del Qušayrī. Yo no sabía entonces quién era el Qušayrī ni qué cosa fuese su *Risāla*. Subimos al monte y nos encontramos con que ya el maestro, con su criado, se nos había adelantado. Detuvo su caballo y entramos en una mezquita que hay en lo más alto de aquel monte. Hicimos la oración, y luego, de espaldas a la alquibla [68], me entregó el maestro la *Risāla*, diciéndome: «Lee». Yo, por la turbación, no podía ni enlazar una palabra con la siguiente, y el libro acabó por caérseme de la mano. Dijo entonces el maestro a mi compañero: «Lee tú». Mi condiscípulo tomó el libro y leyó. El maestro explicaba lo que iba leyendo. Y no cesó de explicar, hasta que hicimos la oración de la media tarde. Entonces dijo: «Bajemos a la ciudad.» Montó en su caballo y se puso en marcha, yendo yo a su lado con mi mano cogida al estribo. El entonces comenzó a contarme casos ejemplares de virtud del maestro Abū Madyan y algunos de sus extraordinarios carismas. Yo, entre tanto, absorto en sus palabras, ni siquiera me daba cuenta de mi propia persona, levantando la cara a cada momento para mirarle.

---

73 Cfr. Supra, p. 24, nota 1.

74 No me ha sido posible identificar este lugar de los alrededores de Sevilla. El texto dice المنتبار. [NE. Por localización debe estar a unos 10km de Sevilla, lo cual podría situarla, aproximadamente, entre San Juan o Mairena de Aznalfarache, si bien Stephen Hirtenstein lo sitúa entre Camas y Santiponce. Virgilio Martínez Enamorado cita en uno de sus estudios sobre toponimia a Abū l-Jayr al-Išbīlī, quien menciona en su obra *'Umdat al-ṭabīb* que Monteber estaba lleno de cerezos. Cfr. Martínez Enamorado, Virgilio. "Nuevos testimonios de fitotoponimia andalusí en la Serranía de Ronda", *Takurunna: Anuario de Estudios sobre Ronda y La Serranía*, 2016, nº 6, p. 282].

El, a su vez, me miraba, se sonreía y, dando espuela a su caballo, apresuraba la marcha, mientras yo corría también. De pronto se detuvo y me dijo: «Mira lo que dejaste tras de ti.» Miré y vi que todo el camino que había recorrido estaba completamente lleno de espinos, tan altos, que llegaban hasta la asentadera de los calzones, además de otros espinos extendidos sobre el suelo. Díjome entonces: «Mira tus pies.» Miré mis pies y no vi en ellos señal alguna de herida. Luego añadió: «Mira tu vestido.» Y tampoco vi nada. El maestro exclamó: «¡Esto es efecto de las gracias de bendición con que Dios premia nuestra [69] conversación sobre el maestro Abū Madyan! ¡Sigue con empeño tu marcha por el camino espiritual y tú triunfarás, hijito mío!» Detuvo entonces su caballo y me dejó.

De él aprendí la solución a muchas cuestiones. Vi también que tenía cosas exclusivas suyas y que nunca vi que ningún otro las tuviese: cuando imponía a un novicio un ejercicio del combate ascético, lo practicaba junto con él, y asimismo hacía con los demás novicios, aunque fuesen dos o tres: con uno practicaba un ejercicio y con otro otro; de modo que siempre lo veías así, sin entibiarse jamás su fervor.

Estaba yo una vez sentado con él, después de la oración de la media tarde, y al ver que me disponía a salir, me dijo: «—¿Qué tienes que hacer?» Yo le respondí: «—Tengo cuatro asuntos, que quisiera evacuar hoy, porque hace ya días que deseo ultimarlos y que ando buscando el modo de negociarlos y no encuentro a las personas en cuyas manos están las cosas a que me refiero.» El maestro se sonrió y me dijo: «—Si me dejas y te marchas, no lograrás ultimar ni uno solo de esos asuntos. Siéntate conmigo y te contaré algunos casos ejemplares del maestro Abū Madyan. Yo te garantizo la resolución de esos asuntos.» Sentéme, pues, y cuando llegó la hora de la puesta del sol, me dijo: «—Sal ahora ya para tu casa, pues no habrás acabado aún de hacer la oración de la [70] puesta del sol, sin que todos esos asuntos los tengas ya ultimados.» Salí de su casa cuando el sol ya se estaba poniendo y llegué a la mía en el momento en que el almuédano llamaba a la oración. Aún no había yo comenzado a recitar las primeras preces, cuando ya todos aquellos asuntos míos habían quedado resueltos.

Fruto de mi sinceridad en mis relaciones con él como maestro de espíritu[75] era el que si yo, estando en mi cuarto por la noche, sentía el deseo de tenerlo presente para consultarle acerca de alguna cuestión que entonces se me ocurría, inmediatamente lo veía ante mí y le hacía la consulta, y me la resolvía y desaparecía a continuación. Luego, al amanecer del día siguiente, referíale yo lo que me había sucedido. También me acaecía esto mismo con él durante el día, estando yo en mi casa, si así lo deseaba.

Sus virtudes, carismas y sentencias místicas son tantas en número, que no podrían ni contarse, y por eso las tenemos que pasar en silencio en esta epístola[76]. De las poesías que yo compuse acerca de este [71] maestro, cuando me separé de él para dirigirme a Marraquech (*Marrākuš*), estando él de asiento en Sevilla[77], una es la que comienza: «Si alguien pregunta quién es el que a mayor altura llegó en la unión con Dios, responderé que nuestro señor Yūsuf b. Yajlaf»[78]. El poema éste, que es extenso, lo inserté en mi libro titulado *Inzāl al-guyūb 'alà marātib al-qulūb*[79], que contiene varios textos nuestros, de prosa y verso, sobre temas místicos.

Las cuestiones místicas, cuya solución me comunicó especialmente este maestro, fueron las siguientes: la de la unión con Dios; el sentido de los hadices proféticos en que Muḥammad dice: «Yo soy el Señor de los hijos de Adán, y éste y todos los que son inferiores a él están bajo mi estandarte»[80]; «la previsión es la mitad de la vida»[81]; «cuando Dios ama a uno de sus siervos, lo prueba en la

75 El sentido es: «Dios premiaba la absoluta sinceridad con que me entregaba yo a la dirección espiritual de mi maestro, concediéndome la gracia de que si yo», etc.

76 Esto hace suponer que las refiere más por extenso en su *Al-Durra al-fājira*, de la cual esta epístola es un compendio, como ya dijimos.

77 El manuscrito *Mor.* dice «Salé» en vez de «Sevilla».

78 Suprimo la traducción de los nueve restantes versos, por carecer de valor autobiográfico y no añadir ningún rasgo nuevo a la minuciosa descripción que Ibn 'Arabī nos ha dado ya de su maestro.

79 Falta en Brockelmann este libro de Ibn 'Arabī. Su título significa «Revelación de los misterios en los diversos grados de perfección a que llegan los corazones».

80 *[NE. Ǧāmi' al-Tirmiḏī, 3148].*

81 [NE. Es un hadiz (*ḥadīṯ*) problemático debido a que la mayoría de los sabios

adversidad»[82]; «el corazón del Alcorán es el capítulo titulado *Yā'-Sīn*»[83] (nadie, antes que él, trató de esta cuestión en nuestro país); y otros varios problemas que ahora no he de referir.

[72] 3. Ṣāliḥ al-'Adawī[84]

Era un místico contemplativo, que en todo momento estaba en Dios y con Dios. A todas las horas de la noche y del día veíasele de pie, leyendo el Alcorán. Jamás tuvo domicilio propio en que habitar, ni tampoco tomó nunca medicina alguna. Su regla de vida espiritual era la propia del grado de los setenta mil que entrarán en el paraíso sin que se les someta a juicio[85]. No hablaba con nadie ni asistía a ninguna reunión. Si te acercabas a él en los momentos en que comenzaba la oración supererogatoria que precede a la ritual del mediodía, veíaslo ya inmóvil en la inclinación primera (de las cuatro acostumbradas), hasta que le decían que el sol se había puesto. Cuando se ponía a orar en días de intenso frío, se quitaba toda la ropa que llevaba encima, hasta quedarse en camisa y zaragüelles, a pesar de lo cual sudaba a raudales, [72] como si estuviera metido en unas termas. En la oración emitía un ronco susurro y runruneo, que impedía entender lo que decía. Jamás guardaba cosa alguna para el día de mañana, ni aceptaba cosa que no le fuese indispensable, y esto ni para sí ni para el prójimo. Se aco-

lo consideran debil. No está en ninguna compilación mayor].

82 [NE. *Ǧāmi' al-Tirmiḏī*, 2396].

83 EEs el cap. XXXVI, que se titula en árabe يس. [NE. Cfr. *Ǧāmi' al-Tirmiḏī*, 2887]

84 *Es.*, f. 24 v; *Mor.*, f. 31 r. Este nombre de *Ṣāliḥ al-'Adawī* (صالح العدوي) equivale a *Ṣāliḥ al-Barbarī* (el Santo berberisco) que Ibn 'Arabī le da en *Futūḥāt. Cfr. Autob. cronol*, párrafo 8.

85 Abundan los hadices que atribuyen a Muhammad esta profecía de los setenta mil justos que entrarán en el paraíso sin el previo juicio del alma. Al-Qurṭubī, en su *Taḏkira*, p. 67, los consigna. Son varias las virtudes, que en estos hadices se consignan, acreedoras a tamaño premio; las principales, y que mejor parecen convenir al caso de Ṣāliḥ, son la paciencia en las adversidades, la caridad para con el prójimo y la vida contemplativa.

gía, para pasar la noche, a la mezquita de Abū 'Amir al-Ruṭundalī, el lector alcoránico[86].

Yo fuí discípulo suyo varios años, durante los cuales apenas si pude contar las palabras que me dirigió; tan pocas fueron. Algunos años desaparecía de Sevilla al aproximarse la pascua de los sacrificios. Y me contó un alfaquí, testigo fidedigno y de la tierra, que Ṣāliḥ, en tales años, aparecía presenciando las fiestas de la peregrinación en La Meca, y que alguien, que lo vió estando en la montaña santa de 'Arafa, se lo había así referido[87]. Sentía hacia mí afectuoso cariño y me dió muestras de interés y atención que mucho me aprovecharon. Anuncióme, en efecto, algunas cosas que me habían de suceder en lo futuro, y las vi todas ellas cumplidas, sin que por mi parte saliera fallida [74] ni una sola de sus palabras. Durante su enfermedad, le asistió como fámulo Abū 'Alī al-Šakkāz[88]. Durante cuarenta años vivió constantemente en Sevilla, llevando el género de vida que hemos dicho, hasta que murió. Lo purificamos con las abluciones rituales por la noche, y cargándolo sobre nuestros hombros lo llevamos a su cementerio, donde lo dejamos y nos marchamos, hasta que se le rezaron las oraciones fúnebres y la gente lo sepultó. Después de él, no he visto ya nadie que se le asemejase en la perfección; su estado espiritual se parecía al de Uways al-Qaranī[89]. Prolijo sería el relato de muchas otras noticias que de él se conservan.

---

86 Abū 'Āmir el asceta, conocido por el apodo de al-Ruṭundalī (es decir, «el Redondillo»), era de Sevilla, según consta en «Apéndice a la edición Codera de la *Takmila de Ibn al-Abbār*» (edición Alarcón y G. Palencia), biografía n° 2442. Vivía aún el año 589 (1193 de J. C.). Marchó a oriente, de donde ya no volvió.

87 El sentido de esta anécdota es que se trataba de una desaparición instantánea y milagrosa, no de una peregrinación a La Meca, realizada por los medios naturales y ordinarios, pues en tal caso, no había por qué consigEl sentido de esta anécdota es que se trataba de una desaparición instantánea y milagrosa, no de una peregrinación a La Meca, realizada por los medios naturales y ordinarios, pues en tal caso, no había por qué consignarla.

88 Cfr. *infra*, biografía n° 12.

89 Asceta legendario del Yemen, que se supone contemporáneo Muhammad y convertido al islam. Cfr. Massignon, E*ssai sur le origines du lexique technique de la mystique musulmane* (París, Geuthner, 1922), p. 141.»

4. Abū ‘Abd Allāh el del Aljarafe[90]

Asistía asiduamente a la mezquita aljama de al-‘Udays, en Sevilla, para hacer a diario las cinco oraciones rituales. Se ganaba la vida vendiendo apios, que salía a recoger, y se los compraban algunas personas [75] piadosas, cuyo dinero él sabía que era legítimamente adquirido[91]. Se le hincharon los pies de tanto como estaba de pie pasando las noches en vigilia. Cuando se ponía a hacer oración, las lágrimas se le escurrían a lo largo de su blanca barba, como si fuesen perlas. Habitó durante cuarenta años en un mismo cuarto, sin encender jamás en él ni luz ni fuego. Su fervor en el servicio de Dios llegó al colmo.

Me encontró cierto día, parado junto a un loco que estaba en la calle rodeado de un grupo de gente; yo no me di cuenta de que él estuviese allí, hasta que me cogió de la oreja y me sacó del grupo, diciéndome: «¿Y tú haces esto?» Yo enrojecí de vergüenza y entré con él a la mezquita. Me predecía las cosas que me habían de pasar, y sucedían como me las había predicho. Jamás elegía en la mezquita un lugar determinado ni hacía dos veces la oración en el mismo sitio de la mezquita. Nadie osaba jamás decirle: «¡Ruega a Dios por mí!» El que deseaba, pues, encomendarse provechosamente a sus oraciones, espíalo para ver cuándo entraba a la mezquita, a fin de hacer la oración al mismo tiempo y procuraba comenzarla a su lado; luego, cuando el maestro se sentaba [76], pedía el otro a Dios en voz alta lo que quería, y el maestro decía «amén», pues ésta era tan sólo su plegaria. Yo le pedí que me encomendase a Dios, y a mi petición accedió; pero antes de que yo se lo hubiese pedido, ya él lo había hecho espontáneamente. ¡Sea Dios loado! Acostumbraba a dirigirme él la palabra antes de que yo lo hiciera, porque yo le tenía mucho respeto. De sus enseñanzas me aproveché grandemente, y

90 *Esc.,* f. 24 v; *Mor.,* f. 31 v. Cfr. *Autob. cronol.,* párrafo 8, donde se le llama *al-Šarqī,* errata de *Futūḥāt,* por *al-Šarafī,* según se desprenderá de su biografía.

91 Este rasgo significa la delicadeza de su conciencia, pues así evitaba todo escrúpulo sobre la licitud del dinero que recibía en pago de las verduras que les vendía. — El texto dice *ufiyūn,* que significa opio; pero es errata evidente por *afiyūs,* que es apio silvestre.

con mis propios ojos experimenté las gracias de bendición que por su medio Dios comunicaba.

Cuando sintió que la muerte estaba próxima, se aisló en su habitación y dijo: «Quiero emprender un viaje.» Y salió en dirección a su pueblo natal, sito en el Aljarafe, a dos parasangas de Sevilla. Así que llegó a su pueblo, murió. ¡Dios le haya perdonado!

Cierto día vió a un niño pequeño que llevaba sobre su cabeza un canastillo con unos pocos granos de anís.[92] Viendo al niño lleno de turbación, tuvo piedad de él y lo llamó hacia sí, mientras la gente lo miraba. Díjole al niño: «¿Qué tienes, hijo mío?" Respondió: «¡Señor, que mi padre ha muerto, dejando a mi madre varios hijos pequeños y no tenemos nada! Hoy hemos amanecido sin tener cosa que [77] comer, y como mi madre guardaba estos anises, me ha dicho: «Tómalos, hijo mío, y véndelos, y tráenos, con lo que saques, algo que nos baste para pasar el día.» Lloró el maestro y, metiendo su mano en el canastillo, tomó de él unos granos de anís y dijo: «Esto es cosa buena. Hijo mío, dile a tu madre: «El tío aljarafeño me ha cogido unos pocos granos, ¡No me castigues!» Seguidamente, un comerciante tomó el canastillo de los anises de manos del niño y dijo: «¡Cosa que este maestro ha cogido, de seguro que sobre ella ha caído la bendición de Dios!» Y marchó adonde estaba la madre del niño y le pagó por el canastillo setenta *dinares muminíes*[93]. El maestro, pues, no hizo aquello más que movido de piedad hacia ellos.

5. Abū Yaḥyà al-Ṣinhāŷī[94]

Se había quedado ciego y era ya de edad avanzada. Estuvo al frente de la mezquita de al-Zubaydī, como imam ordinario, hasta que murió. Lo sepultamos [78] en Monteber y velamos allí su cadá-

92 El manuscrito dice رازبايج por رازيانج que, según Dozy en *Suppl. aux dict.* arab., 1, 493a, significa «el hinojo» o «el anís». Por el contexto posterior, se ve que se trata de «granos de anís».

93 Es decir, *doblas almohades*, de las acuñadas por los sultanes de esta dinastía fundada por 'Abd al-Mu'min. La dobla, como el dinar, era una moneda de oro, de cuatro gramos y medio de peso, próximamente.

94 *Esc.*, f. 25 r; *Mor.*, f. 32 r. Cfr. *Autob. cronol.*, párrafo 8.

ver aquella noche. Frecuenté mucho su trato y siempre lo vi lleno de fervor en el servicio de Dios. Asentó sólidamente su pie en los ejercicios de mortificación y ascetismo, y era grande su maestría en el empleo de las alusiones esotéricas. Jamás vi que se sentase más que en un taburete pequeño. Murió en nuestra casa, en Sevilla. ¡Dios lo haya perdonado! Muchos carismas mostró Dios en su honor después que murió, pues el monte en que lo sepultamos era alto y nunca dejaban de azotarlo los vientos; pero en aquel día calmó Dios el aire, cosa que las gentes celebraron como excelente presagio. Pasaron, pues, la noche junto a su sepultura, recitando el Alcorán por su alma, y cuando hubieron descendido del monte, volvió a soplar el viento, según costumbre. A este maestro lo acompañé tan sólo algunos meses antes de su muerte. Era de los ascetas que hacen profesión de vida peregrinante. Siempre andaba por las playas, prefiriendo los lugares desiertos y solitarios.

6. Abū l-Ḥaŷŷāŷ Yūsuf el de Subárbol[95].

Era de Subárbol, pueblo sito en el Aljarafe, a dos parasangas de Sevilla, y ordinariamente vivía en [79] el campo. Fue discípulo de Abū 'Abd Allāh b. al-Muŷāhid[96] y vivía del trabajo de sus manos.

95 *Esc.*, f. 25 v; *Mor.*, f. 32 v. Cfr. *Autob. cronol.*, párrafo. 5.

96 Cfr. *Futūḥāt*, 1, 275: «Entienden algunos maestros de espíritu que las obras de devoción no son meritorias por sí mismas, sino tan sólo por la intención con que se hacen. La intención en las obras es como el sentido en las palabras: la palabra, en efecto, no tiene valor en sí misma, sino por la idea que encierra. Mira, pues, ¡oh, hermano mío!, cuán delicada y sutil es la penetración de esta categoría de místicos. Este ejercicio espiritual es lo que entre los sufíes se denomina *examen de conciencia*, al cual se refería el Profeta cuando dijo: «Pedid cuenta vosotros a vuestras propias almas, antes de que se os la pida.» De estos maestros yo encontré a dos, que fueron Abū 'Abd Allāh b. al-Muŷāhid y Abū 'Abd Allāh b. Qassūm, en Sevilla. (Cfr. *Takmila*, biografías nos 779 y 899. El primero murió el 574 (1178 de J. C.); el segundo en 606 (1209 de J. C.). Su método de vida espiritual se caracterizaba por dicho ejercicio. Eran ambos los quicios o ejes de cuantos místicos viven vida de intención. Yo entré también en el camino que conduce a esta morada, imitando a ambos maestros y a sus discípulos y tomando como ellos por norma el precepto del Profeta, que tan digno es de ser imitado, cuando decía: «Pedid cuenta a vuestras almas, antes de que se os pida.» Nuestros dos maestros dichos

Entró [80] en el camino de la perfección antes de la pubertad y en el siguió hasta su muerte. Ibn al-Muŷāhid, príncipe de este método de vida espiritual en nuestro país, acostumbraba a decir:

«Encomendaos a las oraciones de Abū l-Ḥaŷŷāŷ el de Subárbol.» Esto me lo contó el mismo Abū l-Ḥaŷŷāŷ, que además me refirió de su maestro lo siguiente: «Acostumbraba yo a visitar a Ibn al-Muŷāhid, mi maestro de espíritu, todos los viernes, aunque a él le molestaba que lo visitase en esos días. Visitélo, pues, según mi costumbre, un viernes, y me lo encontré que estaba trabajando de albañil para reparar una pared de la casa en que vivía, la cual se había caído, y él la reconstruía para poner a su familia a cubierto de la intemperie. Le saludé y él me dijo: «Contra tu costumbre, hoy que es jueves has venido, Abū l-Ḥaŷŷāŷ.» Yo le repliqué: «Nada de eso. Hoy es viernes.» El entonces comenzó a golpear una mano con la otra y a gritar: «¡Ay, qué desgracia, Dios mío! ¡Cierto que la obra que he hecho era de necesidad imprescindible! [81] Pero y ¿si hubiera seguido trabajando?» Y diciendo esto, gemía y lloraba lamentándose de haber perdido el tiempo. Cuando Abū l-Ḥaŷŷāŷ me refería este suceso, lloraba también y decía: «¡Así son los hombres de Dios! Se lamentan de perder en contados instantes el don de la presencia divina.»

---

tomaban cuenta a sus propias almas de cuanto durante el día pudieran hablar y obrar, y eso lo consignaban por escrito en un cuaderno; y al llegar la noche, después de hacer la oración, encerrados ya y a solas en su cuarto, examinaban sus conciencias sacando otra vez el cuaderno: miraban cuanto en aquel día habían hecho de palabra y obra y lo comparaban con lo que debían haber hecho; si de este cotejo resultaba que debían simplemente pedir perdón a Dios por sus faltas, lo hacían; si estas faltas reclamaban por su gravedad una penitencia, se la imponían; si, por el contrario, resultaba que de su conducta debían dar gracias a Dios, se las daban. Y así seguían su examen de conciencia, hasta analizar todo cuanto habían hecho en aquel día. Después de esto, se echaban a dormir. Nosotros añadimos a este método de nuestros maestros el consignar también por escrito los pensamientos, es decir, que anotábamos todas cuantas ideas y propósitos nos venían a las mientes, además de las palabras y las obras. Así es que yo examinaba mi conciencia como ellos y a las mismas horas, sacando el cuaderno y pidiendo cuenta a mi alma de todo cuanto en el día se le había ocurrido de pensamientos y deseos, además de las palabras y obras realizadas con los miembros y sentidos externos, y también la intención con la que estas obras externas habían sido hechas».

Este maestro, Abū l-Ḥaŷŷāŷ, fue hombre de gran santidad: nunca dejó de ganarse el qué comer con el trabajo de sus manos, hasta que la debilidad de sus fuerzas le impidió trabajar y tuvo que comenzar a vivir de limosna. Entonces, cuando por lo avanzado de su edad le era ya difícil y molesto hasta el moverse, lloraba y me decía: «¡Ah, hijito mío! Dios me ha otorgado el favor de que las gentes vengan a visitarme a mi casa, pero con ello me expone al peligro de caer en tentaciones de vanidad. Porque ¿quién soy yo? ¡Ojalá estuviese sano! ¡Bien desearía encontrar en mí fuerzas bastantes para ser yo quien fuese a visitarles a sus casas y que no tuviesen ellos que venir a la mía!»

Era compasivo para con todo el mundo. Cuando entraban a su casa los agentes del gobierno, me decía: «¡Oh, hijito mío!, éstos son los procuradores del derecho, los que se preocupan de los medios de vida indispensables a todo el mundo; por eso es preciso que todos los hombres se preocupen también de encomendarlos a Dios en sus oraciones, pidiéndole que [82] les ayude para que por su ministerio la justicia reine.» El sultán se aconsejaba de él.

Jamás entró a su casa nadie, sin que le ofreciese lo que él tuviera para comer (caso de que lo tuviese); y esto, tanto si eran muchos como si eran pocos los que entraban; y lo mismo si la comida era abundante, que si era escasa, jamás dejaba de sacarles la que tenía para sí. Yo mismo lo vi, en ocasión en que penetró en su casa un grupo de personas y me dijo: «¡Hijito mío, bájales el canastillo!» Yo lo bajé, pero no encontré en él más que un puñado de garbanzos tostados, que puse delante de ellos, y se los comieron.

En él observé muchas bendiciones o favores del cielo; una de ellas era que andaba sobre las aguas.

Tenía en su casa, en el pueblo, un pozo, del que sacaba el agua para hacer sus abluciones. Junto a ese pozo vimos un olivo que se había hecho ya muy alto, lleno de hojas y fruto, y que era de corpulento tronco. Un condiscípulo mío le dijo: «Señor, ¿por qué plantaste este olivo en este sitio, estorbando al pozo?» Él se volvió hacia nosotros, y con la espalda encorvada ya por su avanzada edad, miró hacia allí y dijo: «Me he criado en esta casa desde mi niñez y por Dios aseguro que jamás había visto este olivo hasta ahora.» Y era de esta condición porque andaba [83] siempre absorto en la contemplación de su propia alma.

Jamás entré a su casa, ni yo ni nadie, sin encontrarlo siempre leyendo en el Alcorán. No tomó nunca en sus manos otro libro que éste, hasta que murió.

Tenía una gata negra, que nadie podía cogerla ni siquiera ponerle la mano encima, pero que dormía en su regazo. Él me decía: «Dios me ha dado en esta gata un medio para distinguir a los amigos de Dios. Ese prurito, que en ella ves, de huir no es cosa casual, puesto que Dios le ha dado también el instinto de mostrarse afable con los santos.» Y en efecto, yo la vi con mis propios ojos varias veces en su casa, que entraba un hombre y rozábale con la cabeza en las piernas y se pegaba a él; en cambio, entraba otro y huía de él. Entró, en cierta ocasión, a visitarlo por vez primera nuestro primer maestro, quiero decir, Abū Ŷa'far, el que he mencionado en primer lugar. La gata estaba metida en la última habitación de la casa, y salió; lo miró antes de que se sentase, y mientras el maestro Abū l-Ḥaŷŷāŷ le decía: «Siéntate», dió la gata un salto, y echándose al pecho del maestro Abū Ŷa'far, abrió sus patas delanteras, se abrazó a su cuello y comenzó a pasar y repasar su cara por las barbas del maestro. Levantóse Abū l-Ḥaŷŷāŷ para hacerle sentar y no le dijo palabra de aquello; pero después Abū l-Ḥaŷŷāŷ me explicó que aquello no se [84] lo había visto hacer jamás a la gata con ninguna otra persona. Y no dejó de estar así, pegada al maestro Abū Ya'far, hasta que éste salió de la casa de Abū l-Ḥaŷŷāŷ.

Estando yo en su casa en compañía de varias personas, entró a visitarlo un hombre aquejado de tan fuerte dolor en los ojos, que le hacía lanzar gritos como los de la mujer que está de parto. Penetró, pues, el hombre por entre la gente (que estaba apenadísima oyendo sus gritos). Al maestro se le demudó la color, y temblando de compasión, extendió su mano bendita y la puso sobre los ojos del enfermo.

Instantáneamente se le calmó el dolor y cayó de costado al suelo, como si se hubiera muerto; pero luego se levantó y salió de allí en compañía de toda la gente, sin tener ya dolor alguno. Hízose luego discípulo suyo y fue muy virtuoso y de los que creen en los genios. Siempre ya anduvo al lado del maestro, sin abandonar nunca su compañía.

Entré cierto día a su casa con mi maestro Abū Muḥammad[97] y le dije: «¡Oh, señor nuestro! Este es de los discípulos de Abū Madyan.» Sonrió el maestro y dijo: «¡Cosa más maravillosa! Ayer mismo estuvo aquí en casa Abū Madyan. ¡Excelente maestro de espíritu es, en verdad!» ¡Y Abū Madyan entonces [85] estaba en Bujía, es decir, a distancia de cuarenta y cinco días de camino! Fue, pues, aquello un fenómeno de mutua revelación sobrenatural entre ambos (como también a mí me ocurrió muchas veces con Abū Ya'qūb)[98], puesto que Abū Madyan hacía tiempo que no se movía.

De los hechos de este maestro, que yo vi con mis propios ojos, todavía recuerdo otras muchas noticias que sería prolijo consignar en esta rápida improvisación. Y lo mismo digo de todos los otros maestros que he de mencionar, pues lo que de ellos cuento únicamente es para demostrar que la época actual no está falta de hombres de Dios.

7. Abū 'Abd Allāh Muḥammad b. Qassūm[99]

Fue discípulo de Ibn al-Muŷāhid (bajo cuyo magisterio estudió lecturas alcoránicas) hasta que murió éste y fue por él designado para desempeñar su mismo cargo. Ibn Qassūm, efectivamente, siguió el mismo género de vida que su maestro, y hasta le aventajó, reuniendo la ciencia y la virtud. Fue jurista de la [86] escuela mālikī y elocuente defensor de la nobleza y altos méritos de la ciencia[100].

Yo fuí discípulo suyo, estudiando bajo su dirección las lecciones que me tocaron en suerte relativas a la ablución y oración ritua-

---

97 Debe referirse a Abū Muḥammad al-Mawrurī o de Morón. Cfr. *Infra*, biografía nº14.

98 Debe referirse a Abū Ya'qūb Yūsuf b. Yajlaf al-Kūmī. Cfr. *supra,* biografía n° 2.

99 *Esc.*, f. 26 r; *Mor.*, 33 v. Cfr. *supra*, p. 79, nota 1.

100 Cfr. *Takmila*, biografía n° 899: «Muḥammad b. Qassūm.... el asceta, de Sevilla., fue discípulo de Abū 'Abd Allāh b. al-Muŷāhid, a quien trató íntimamente. Fue almuédano suyo en la mezquita de que estaba encargado, mientras Ibn alMuŷāhid vivió, y a su muerte le dejó como sucesor en el cargo. Era alfaquí, austero, apartado del trato social, gramático experto, hombre de saber y de virtud.»

les. También aprendí de él tradiciones proféticas. Al terminar la clase, su oración era siempre ésta: «¡Oh, Dios mío! ¡Haznos oír el bien; inspíranos el bien; danos la paz del alma, ¡oh, Dios mío!, y consérvanosla; concilia nuestros corazones en tu santo temor; ayúdanos con tu gracia para que hagamos lo que sea de tu voluntad y beneplácito!» Luego añadía los últimos versículos del capítulo II del Alcorán. Esta misma oración es la que nosotros hemos recitado siempre al terminar nuestras clases. Estando durmiendo una vez en el santo templo de La Meca, yo vi en sueños al Profeta y a un lector que bajo su magisterio leía el *Ṣaḥīḥ* de Bujārī, y cuando hubo acabado, recitó esta misma oración, lo cual me llenó de gozo.

Era Ibn Qassūm hombre de mucho fervor en los ejercicios de piedad. Su estatura era mediana. Voluntariamente se impuso una distribución minuciosa del tiempo con determinadas prácticas devotas para cada [87] hora, y esta distribución la observó constantemente y al minuto. Tenía un cuaderno en el cual anotaba cada día cuanto había hecho hasta la noche y del cual se servía para examinar su conciencia, sin echarse a dormir antes de haber hecho este examen. Si encontraba que había obrado bien, daba gracias a Dios. Si lo contrario, enmendaba la falta cometida según lo exigía su gravedad, bien pidiendo perdón a Dios, bien imponiéndose una penitencia o cosa semejante. Y así lo hacía todas las noches.

Se ganaba la vida cosiendo gorros[101]. Cierto día en que estaba sentado y se le había acabado todo el dinero necesario para su subsistencia, tomó las tijeras y los demás útiles de su oficio, cuando oyó que la puerta se abría y luego se cerraba. Salió y no encontró a nadie, pero vió que le habían echado allí seis dinares. Los tomó, volvió a entrar, y cogiendo las tijeras las tiró al pozo, diciendo: «Si Dios provee a mi sustento, ¿voy yo a preocuparme de buscarlo ni a tomarme el trabajo de procurarme una cosa de la cual Dios mismo me sale garante, puesto que el sustento te viene a buscar, en vez de que lo busques tú?» Y desde entonces hasta la fecha, abandonó el oficio y se dedicó a vivir de limosna.

101 *Al-qulansiyāt* son los gorros que los musulmanes llevan bajo el turbante, para cubrir la cabeza. Cfr. Dozy, *Dict. des noms de vetem.*, p. 365.

[88] Distribuía el día y la noche en la forma que voy a decir: Cuando ya había hecho la oración ritual del alba, se ponía a hacer oración mental[102] hasta que salía el sol. Hacía entonces dos reverencias y entraba en su casa a coger los libros, para salir de nuevo a dar lección a los estudiantes que bajo su dirección aprendían las ciencias religiosas, hasta que la mañana promediaba. Entonces volvía a entrar en su casa y, si no ayunaba aquel día, tomaba algún alimento y hacía la oración ritual de media mañana, y dormía un poco. Levantábase después y hacía la ablución litúrgica. Si tenía algo que escribir, lo escribía, y si no, hacía oración mental. Cuando llegaba la hora del mediodía, abría la mezquita, llamaba a la oración desde el alminar y se metía de nuevo en casa a seguir meditando y recitando sin cesar preces supererogatorias, hasta tanto que llegaba el momento de la oración ritual, en que salía para la mezquita a dirigir la oración. Hacíala fijo en un punto del *miḥrāb*, sin cambiar de sitio, pero balanceándose como si estuviera ebrio, por la intensidad de la emoción religiosa que en su interior provocaba la palabra de Dios.

Acabada la oración ritual de mediodía, salía de la mezquita y se ponía a recitar la porción del Alcorán que, como devoción supererogatoria, le tocaba leer a esa hora: tomaba el libro santo, abríalo sobre sus rodillas, y con los ojos fijos en el texto [89] y pasando la mano sobre las letras iba salmodiando el Alcorán con atención reflexiva y devoción sensible, hasta que acababa de leer cinco sexagésimas partes del libro santo, con lo cual daba siempre tiempo a que llegase la hora de la oración ritual de media tarde. Salía entonces de casa, llamaba a la oración y se volvía a entrar para estarse rezando preces supererogatorias mientras se reunía el pueblo en la mezquita. Hacía la oración con la gente y se metía otra vez en casa a meditar hasta que llegaba la puesta del sol. Salía entonces, llamaba a la oración, hacíala y se volvía a meter en su cuarto. Entre el crepúsculo y la noche, cuando ya se acercaba la hora de la oración nocturna, iba a encender las lámparas en la mezquita, llamaba a la oración, se metía en su cuarto a rezar hasta que se reunía la

102 [NE. Asín Palacios propone una traducción compleja, *oración mental*, del término *ḏikr Allāh* que es la práctica de la rememoración de Dios].

gente y salía a hacer la oración con ellos. Después cerraba la puerta de la mezquita, y entrando en su cuarto, sacaba su cuaderno y examinaba su conciencia, exigiéndole cuenta de todos sus movimientos y palabras y, en general, de cuanto él sabía que el ángel de la guarda[103] habría tomado nota; y conforme a lo que en las páginas de su cuaderno encontraba, así también eran los afectos a que él mismo se excitaba.

A seguida se echaba a la cama y dormía; pero cuando había transcurrido una parte de la noche, se levantaba, y si por acaso había tenido trato sexual con [90] su mujer, se purificaba y entraba a su oratorio para salmodiar en voz baja el Alcorán, mientras su alma se deleitaba meditando, unas veces, acerca de la majestad de la divina esencia, contemplada en su unidad simplicísima; otras acerca de la gloria del paraíso, otras en la nada de las cosas de acá abajo, otras en los inescrutables juicios de la providencia, según se lo sugería la materia del versículo recitado. Así seguía hasta la hora de amanecer, en que salía de su oración, después de haber recibido de Dios en ella muchedumbre copiosa de ilustraciones acerca de misterios del Alcorán, que antes de la oración no entendía y que Dios mismo le revelaba, según el mismo Dios lo promete (Alcorán, II, 282): «Temed a Dios y Él os instruirá.»

Cuando ya la aurora apuntaba, abría la mezquita, llamaba a la oración, encendía las lámparas y se metía en casa para esperar a que amaneciese. Entre tanto, hacía la plegaria de dos inclinaciones, que se acostumbra por devoción antes de la oración del alba, y se sentaba a meditar. Así que había amanecido, salía y hacía la oración ritual con el pueblo. Esta fue siempre su regla habitual y constante de vida. En toda la semana, tan sólo dos veces dormía la noche entera: en la noche del lunes y en la del viernes.

Hombre contemplativo, en todos los estados místicos, así transitorios como permanentes, de su vida [91] interior, se conformó

103 [NE. Aquí Asín hace una comparación incorrecta. No se trata de un «ángel de la guarda» como se conoce en el cristianismo, sino de uno de los *mu'aqqibāt* o halladores, unos ángeles que anotan los aciertos y los errores del creyente para que después puedan ser presentados en la próxima vida. Este concepto aparece en Corán: 50, 17-18].

siempre con la ortodoxia tradicional[104]. Pocos verás que se le parezcan. En cierta ocasión lo presenté a mi discípulo 'Abd Allāh Badr el Abisinio[105], e hizo la oración ritual poniéndose detrás de éste[106].

8. Abū 'Imrān Mūsà el de Mértola[107].

Sometió su alma a grandes mortificaciones. Se recluyó en su casa desde los sesenta años y ya no salió de ella hasta el día de hoy. Siguió la regla espiritual de al-Ḥārit b. Asad al-Muḥāsibī[108]. No aceptaba cosa alguna de nadie ni pedía nada para sí ni para otros.

Yo tuve un sueño, relativo a él, que significaba [92] su próxima elevación por Dios desde el grado de perfección que poseía hasta otro más sublime. Él me dijo: «¡Dios te dé por albricias el paraíso, en premio de la buena nueva que me comunicas!» Y no pasó mucho tiempo sin que, efectivamente, alcanzase aquel grado de perfección que yo vi en mi sueño. Aquel mismo día en que lo alcanzó, entré a su casa y vi que su rostro brillaba de alegría. Levantóse, salió a mi encuentro y me abrazó. Yo le dije: «¡Esta es la interpretación de aquel ensueño mío de antes. Tan sólo resta que se cumpla igualmente tu plegaria de que Dios me dé por albricias el paraíso!» El replicó: «Así será, si Dios quiere.» Y no se había acabado aún el mes, cuando Dios me comunicó la buena nueva de que iría al cielo,

104 [NE. La traducción que hace Asín Palacios es bastante libre, una más acertada conforme al texto original —desde la edición de Ghurab— podría ser: «Siguió la *sunna*, poseedor de estados y moradas espirituales, fue un gran místico». Lo cual tiene mucho más sentido que lo que propone Asín intentando conciliar lo místico con la supuesto ortodoxia, aunque como hemos explicado anteriormente no es necesario].

105 Cfr. *Autob. cronol.*, párrafo 30.

106 Es decir, que en señal de humildad no permitió Ibn Qassūm oficiar de imam, sino que encomendó este honroso oficio al discípulo de Ibn 'Arabī.

107 *Esc.*, f. 27 r; *Mor.*, f. 34 v. Cfr. *Autob. cronol.*, párrafo 5.

108 Célebre sufí de Basora (siglo IX de J. C.), cuyo método espiritual se caracterizaba por el examen escrupuloso de conciencia para lograr la perfección moral. De aquí su apodo de *al-Muḥāsibī*. Sobre su vida y doctrina, cfr. Massignon, *Essai*, pp. 211-225.

por medio de un signo milagroso que me evidenció que Dios había escuchado la plegaria del Mertolí y daba por cierta su buena nueva de que yo entraría en el paraíso. Efectivamente, yo lo tengo por seguro y jamás dudo de que soy de los predestinados, de la misma manera que jamás dudo de la misión profética Muhammad. Eso sí: lo que no sé es si pasaré o no por el fuego del purgatorio. ¡De él nos libre Dios a mí y a vos! ¡Así sea!

¡De su generosidad espero que así será! Fue este maestro un místico de gran vida interior, de contemplación perfecta, de extraordinaria escrupulosidad de conciencia, reconcentrado siempre en [93] si y lleno de angustia y preocupación en la mayoría de sus estados de espíritu, si bien se mostraba, en cambio, lleno de afabilidad para con los que lo visitaban.

A mí me ocurrieron con el maravillosas escenas. Todos sus anhelos espirituales tendían a este solo ideal: conseguir de Dios para mí la gracia de que me preservase de tentaciones pecaminosas y me librase del peligro de retroceder en el camino de la perfección. Dios accedió a sus deseos en este punto y así me lo aseguró más tarde el maestro mismo, dándome albricias por ello. Díjome, pues, entonces, de el para mí, aunque estaba allí presente mi discípulo ʻAbd Allāh Badr el Abisinio: «Yo tenía entonces muchos temores de que te extraviaras, por tu poca edad, porque no tenías quien te ayudase, por la corrupción del siglo en aquellos días, por la relajación de que iban ya dando muestras hasta los mismos que profesan este método de vida espiritual. Ellos cabalmente fueron quienes me obligaron a recluirme en mi casa, porque vi con mis propios ojos cómo se relajaban sus costumbres. Pero ¡loado sea Dios que me ha dado a ti para que seas mi consuelo!»

Me recitó muchas de sus poesías y me pidió que yo le diese de algunas mías una copia de mi puño y letra. Hicelo así, leíselas y de ello se alegró. Entre las que entonces le escribí había unas estrofas a él dedicadas [94] que mucho le gustaron y que merecieron su explícita aprobación[109].

109 Ibn Arabī inserta a continuación un fragmento (18 versos) de dicho poema, cuya versión omito por su escaso valor histórico, ya que en él se limita a elogiar a su maestro y a ponderar el amor que le tiene. Al acabar la cita añade: «No recuerdo hoy más que estas estrofas de todo el poema. En el libro *Inzāl*

Entré una vez a casa de este maestro y me dijo: «Preocúpate de ti mismo, ¡oh hijito mío!» Yo le dije: «Nuestro maestro Aḥmad[110] —a quien he visitado— me ha dicho: «¡Oh, hijito mío! ¡Preocúpate de Dios!» ¿A quién, pues, habré de escuchar?» Él me contestó: «¡Oh, hijito mío! Yo estoy con mi alma, y Aḥmad está con Dios. Cada uno, pues, de nosotros te indica lo que su propio estado de espíritu le exige. Bendiga, pues, Dios a Abū l-'Abbās y hágame a mí llegar a su grado de perfección.» Este rasgo fue para mí una palpable muestra de su ecuanimidad.

Tratábame siempre con extraordinaria afabilidad y llaneza; pero esto no servía más que para aumentar en mí el respeto y temor reverencial que me inspiraba. Maravillábase él de la encogida urbanidad con que yo correspondía a su familiar llaneza; en cambio, tan pronto como él abandonaba su familiaridad [95] y se volvía a poner formal, entonces cabalmente era cuando se disipaba mi encogimiento. Obedecía esto, ¡oh, amigo mío!, a un admirable enigma espiritual, que si bien lo examinas, acabarás por descifrarlo con la voluntad de Dios.

9 y 10. Muḥammad el sastre y Aḥmad el zapatero[111].

A estos dos hermanos uterinos, Abū 'Abd Allāh Muḥammad al-Jayyāṭ [el sastre], y Abū l-'Abbās Aḥmad al-Jarrāz [el zapatero], sevillanos ambos, los acompañé algún tiempo en Sevilla, hasta el año 590 11193 de J. C.], en que ambos salieron de allí con el propósito de hacer la peregrinación a La Meca. Ese año fue precisamente el mismo en que yo emprendí el viaje para visitarte, ¡oh, amigo

al-guyūb inserté también las estrofas de que ahora no me acuerdo.» [NE. Los versos también son omitidos en la versión de Austin con el mismo argumento que Asín Palacios].

110 Se trata de Abū l-'Abbās 'Uraybī. *Cfr. Autob.* cronol., párrafo 7, y *supra*, biografía n° 1.

111 *Esc.*, f. 28 r; *Mor.*, f. 35 v. Cfr. *Autob, cronol.*, párrafo 22, donde Ibn 'Arabī cita a estos dos hermanos como compañeros suyos durante su estancia en Egipto. Son los allí llamados Abū l-'Abbās *al-Ḥarīrī* (errata de *Futūḥāt* por *al-Jarrāz* o el zapatero) y Muḥammad *al-Jayyāṭ* (o el sastre).

mío![112] Llegados ambos hermanos a La Meca, Aḥmad se avecindó en la ciudad durante un año, pasado el cual salió para Egipto, donde adoptó el método de vida religiosa de los *malamatíes*[113]. [96] Meca también durante cinco años, pasados los cuales fue a juntarse con su hermano en Egipto. En la fecha en que yo me puse en viaje abandonando tu compañía, o sea el 598 [1201 de J. C.), me los encontré a los dos hermanos en Egipto, y con ellos y con mi hijo espiritual 'Abd Allāh [Badr el Abisinio], residí allí algún tiempo[114]. Después de hacer con ellos el ayuno de ramadán, salí para Jerusalén y continué luego mi viaje hasta Meca, en la cual he permanecido hasta la fecha. Todavía queda en mi corazón el sentimiento que su separación me produjo.

Por lo que toca a Abū 'Abd Allāh (el sastre), abandonó el mundo, para ingresar en la vida espiritual, mucho tiempo antes que su hermano. La piedad filial que tenía hacia su madre fue tal, que se consagró a su servicio como criado, hasta que ella murió. El temor de Dios era el estado de ánimo que le dominaba; tanto que, cuando hacía oración, oíasé desde lejos el zumbido de su corazón al latir en su pecho, y pronto sus ojos derramaban abundantes lágrimas. Casi siempre silencioso, siempre triste y muy meditabundo, lanzaba a menudo ayes y gemidos. Jamás he visto otro más contrito y compungido que él. Nunca se le veía en otra actitud que con la cabeza baja y [97] los ojos fijos en el suelo. No solo no gastaba con nadie bromas, sino que ni aun frecuentaba el trato de persona alguna. Enemigo de todo disimulo y fingimiento, era enérgico en la corrección fraterna, sin sentir vergüenza de decir la verdad a quienquiera que fuese, ni importarle tampoco los vituperios del prójimo, cuando por Dios se le zahería. A nadie procuraba halagar; pero tampoco disputaba con nadie. Probóle Dios con la pobreza y con úlceras purulentas, y sobrellevó paciente estas pruebas. Fue un místico de admirable vida interior y de altos ideales.

Cuando yo era pequeño, ya lo quería apasionadamente, porque lo conocía por ser vecino de la casa del maestro que me ense-

112 Cfr. *Autob. cronol.*, párrafo 10 y 11.

113 Variante por *malamíes.* Cfr. *supra*, p. 65, nota 1.

114 Cfr. *Autob. cronol.,* párrafo 19.

ñaba a leer el Alcorán. Cuando entraba a la mezquita, todo el que le veía le tenía un temor mezclado de respeto. Jamás observé que se adelantase a dirigir la palabra a nadie, ni respondía tampoco a quien le hablaba, a no ser por necesidad imprescindible. Si obraba así, era para preservar su alma escrupulosamente de toda falta. De cuantas personas he visto, jamás anhelé tanto asemejarme a ninguna, como a él y a su hermano, cuando abandoné el siglo para entrar por el camino de la perfección. El entonces se congratuló de ello conmigo. Me hice su compañero constante, y de su educación saqué gran provecho imitando sus virtudes. Sufría con paciencia [98] el daño que le hacían y se abstenía de responder a las injurias. Soportaba el hambre largo tiempo. Pasaba la noche en vigilia y el día en ayunas. Jamás lo encontrabas ocioso. Amaba las ciencias religiosas y a los que las cultivan. Cuando nos unimos los cuatro (yo, él, su hermano y otro compañero) para vivir juntos, poseíamos en común y por igual todas las limosnas con que Dios nos favorecía. Por lo que a mí toca, jamás he visto ya días mejores que aquellos días.

Una de las pruebas que vi de la eficacia preternatural de su intención fue que entre mi casa y la suya había una gran distancia. Pues bien: llamaba el almuédano a la oración ritual de la noche, cierto día, cuando sentí yo en mi interior un deseo imperioso de ir a verle, y a la vez otro impulso vehemente de volverme a mi casa; como estos dos movimientos del ánimo eran simultáneos, yo vacilaba, no sabiendo cómo armonizarlos; al fin me resolví a obrar conforme al primer impulso y me puse a correr hasta que penetré en su casa, y me lo encontré de pie en medio de la habitación en la dirección de la alquibla, mientras su hermano Aḥmad recitaba las preces supererogatorias que por devoción es costumbre rezar; le saludé y él, sonriéndose, me dijo: «¿Qué es lo que te ha hecho venir tan despacio? Mi corazón estaba pendiente [99] de ti, ¡Tú debes poseer algo!» Yo llevaba en mi bolsillo cinco monedas de plata de la acuñación corriente y se las entregué en seguida. Él me dijo entonces: «Ha venido a mí un pobre, que se llama ‘Alī el de Salé, y no tenía yo nada.» Inmediatamente regresé corriendo a mi casa.

Servía como fámulo y personalmente a los pobres, dándoles de comer y de vestir. Era de corazón compasivo, tierno, bondadoso, afectuoso, dulce y muy sensible. Misericordioso para con los pequeños, no dejaba, sin embargo, de reconocer el merecido prestigio de los grandes. A cada cual le daba lo que le era debido. Por eso todos los hombres le estaban obligados, mientras que él a nadie le era deudor de cosa alguna, exceptuado Dios. De esta condición era cuando de él me separé, en la misma lo encontré ahora, y así seguía cuando lo abandoné de nuevo. ¡Quiera Dios volvernos a reunir otra vez con salud y paz espiritual!

Por lo que toca a su hermano Abū l-'Abbas Aḥmad [el zapatero], no es posible imaginar cuán bueno era. Reunía todas las virtudes y estaba exento de toda imperfección. Llegó a la intuición de la Verdad divina, y en este estado místico de contemplación vivía constantemente. Los misterios que Dios le revelaba guardábalos secretos. Era de aquellas almas a quienes Dios les habla a través de los velos que le [100] ocultan. Fuerte para el combate ascético y muy favorecido por Dios en sus plegarias. Dulce de carácter, de excelente trato social y muy indulgente por temperamento; con todo aquello que era del divino beneplácito estaba siempre de acuerdo; en cambio mostrábase refractario y opuesto a todo cuanto no fuera del agrado de Dios. Su alma se inclinaba sumisa bajo el yugo de la inspiración de los misterios que Dios le comunicaba, y era favorecido con muchas revelaciones. Cuando comenzábamos a estudiar una cuestión, quedábase el absorto, como si no estuviese allí; pero después volvía en sí y nos hablaba de alguno de los puntos del problema que estábamos discutiendo. Este estado extático ha sido constante en él hasta la fecha.

Se consagró a servir a su hermano como fámulo, sin servir a nadie más, y todas las virtudes y dotes místicas que posee son fruto de la bendición de su hermano, Trató a nuestro maestro Al-'Uraybī[115], a Abū 'Abd Allāh Muḥammad b. Ŷunayd[116] y a varios de nuestros discípulos. Quería acompañarnos a La Meca, de no impedirlo la enfermedad de su hermano. Si éste hubiera estado bueno, habríamos hecho el viaje todos juntos.

115 Cfr. *supra*, biografía n° 1.

116 Cfr. *Autob. cronol.*, párrafo 9. Se trata del maestro *mu'tazilí* a quien allí se denomina también Ibn Ŷabr el de Cabrafigo.

[100] Cuando el hombre y la peste se extendió por Egipto, pereciendo sus habitantes[117], caminaba cierto día por las calles, y al ver cómo los niños de pecho se morían de hambre, exclamó: «¿Qué es esto, Señor?» Cayó de repente en éxtasis y oyó que Dios le decía: «¡Oh, siervo mío! ¿Acaso te abandoné jamás?» «No», respondió. «¡Pues entonces (replicó el Señor) no censures! Estos niños que viste son hijos de adulterio. Éstas son gentes que han descuidado el cumplimiento de mis leyes, y yo ahora les impongo mis leyes penales. Este es el castigo que yo envío a todo el que desprecia mis mandamientos. ¡Que no haya, pues, en tu alma nada de eso!» Después de esto, quedó ya libre de toda preocupación y hasta encontraba conformidad y contento en aquella calamidad pública. Coloquios como éste tuvo muchos con Dios.

La generosa liberalidad y caridad con que ambos hermanos atendían a las necesidades del prójimo y la estrechez con que se trataban a sí mismos eran tales, que no he encontrado quien en este respecto les [102] aventajase. ¡Quiera Dios volverme a reunir con ellos en salud y paz espiritual, y que ya no nos separemos después jamás!

11. Abū 'Abd Allāh b. Ŷumhūr[118].

Abū 'Abd Allāh b. Ŷumhūr Muḥammad fue coetáneo de Abū 'Alī al-Šakkāz[119] y de Abū 'Abd Allāh al-Jayyāṭ, que antes mencionamos[120], de su misma edad y de igual condición. Fue hombre muy

117 Cfr. Ibn-el-Athiri Chronicon (edic. Tornberg), XII, p. 112: «En este año [597 hég: =1200 de J. C.] fue grande la carestía en las tierras de Egipto porque faltó la acostumbrada crecida del Nilo. Las subsistencias fueron tan difíciles de adquirir, que la gente se alimentaba de carnes mortecinas y hasta llegaron a comerse unos a otros. Después sobrevino una tan mortífera peste, que el país quedó despoblado.» [NE. El lector puede consultar esta obra en el siguiente enlace: <https://archive.org/details/kamil-Tornberg/kamil-Tornbergvol-01/>].

118 *Esc.*, f. 28 v; *Mor.*, f. 36 v.

119 Cfr. *infra*, biografía n° 12.

120 Cfr. *supra*, biografía n° 9.

fervoroso en el servicio de Dios. Enseñaba la lectura alcoránica y la lengua árabe. Jamás enseñó en sus lecciones textos poéticos.

Me refirió Abū l-Ḥasan al-ʻUṯmānī lo siguiente: «Aprendía yo, siendo niño, lecturas alcoranicas bajo la dirección de este maestro, cuando oyó tocar un adufe, y, poniéndose los dedos en las orejas, calló de repente y se sentó durante un rato. Luego me preguntó: «¿Ha cesado ya de sonar ese adufe o no?» Yo le respondí: «No.» Y en vista de que el ruido continuaba, se levantó, y con los dedos tapándose todavía las orejas se marchó a su casa. Desde ella me envió a llamar; fui y terminé de darle mi lección [103] de lectura alcoránica. Cuando oía a alguien recitar en voz alta en la mezquita una decena de versículos alcoránicos a guisa de plegaria, o a un mendigo que pedía limosna dentro de ella, se tapaba las orejas.

Era de los devotos que constantemente se inclinan y postran en tierra en sus ejercicios de piedad. Tal hábito lo conservó hasta que Dios se lo llevó consigo. Era de corazón fuerte, pero de cuerpo débil y de color pálido. Severo para con su propia alma, si alguien le decía: «¡Sé más indulgente con ella!», replicaba: «¡Para ser indulgente con ella la castigo!». Levantábase del lecho para pasar en vigilia una parte de la noche y se estaba orando de pie hasta que se desplomaba de fatiga, y entonces, al apoyar su mejilla en el lecho para dormir, recitaba este verso: «¡Oh, mejilla! ¡En verdad que si ahora te apoyas en blanda almohada, luego, tras de la muerte, te apoyarás sobre la dura piedra!». E inmediatamente saltaba del lecho, como si una víbora le hubiese picado, y volviendo a su oratorio seguía así en vela hasta que amanecía.

Murió (¡Dios le haya perdonado!) cuando yo servía como fámulo a mi maestro Abū Yaʻqūb al-Kūmī[121]. Al ser depositado en la tumba, vi una gran maravilla, y fue que Dios hizo venir, no sé de dónde, muchas piedras que cayeron dentro del sepulcro juntas con el [104] cadáver. Gritaron algunos de los presentes, y el que había depositado el cadáver en la tumba cogió de aquellas piedras y las puso debajo de su mejilla. Entonces me di cuenta de que Dios había querido hacer verídicas las palabras de aquel verso suyo en que decía: «¡Oh mejilla! ¡En verdad que si ahora te apoyas en blanda almohada! ...».

121 Cfr. *supra*, biografía n° 2.

Era muy refractario al trato de la gente y amaba la soledad y el aislamiento. Fue austero, asceta, místico contemplativo, que sin cesar estaba en la presencia de Dios; fervoroso en las prácticas de piedad, ansioso de llegar a la unión con Dios. Amaba a los amigos de Dios y a los amantes del Alcorán.

Dios se lo llevó consigo en edad temprana, en la flor de su juventud, en la época del fuego de su ascético fervor. Acostumbraba a decir a su propia alma: «¡No ha de cesar esta conducta mía para contigo, hasta que yo muera!» No le aventajó nadie en el servicio de Dios.

12. Abū 'Alī al-Šakkāz[122]

Vivió en nuestra compañía en Sevilla, y en esta misma ciudad murió. Este fue quien sirvió como fámulo a nuestro maestro de espíritu Ṣāliḥ al-'Adawī[123] [105] hasta que murió. Era hombre de muchas lágrimas, pues sus ojos no cesaban jamás de llorar a raudales.

Tenía yo un tío, hermano de mi padre, que era de los amigos escogidos de Dios[124], a quien Abū 'Alī acompañaba constantemente. Pasaba yo una vez la noche en casa de mi tío, y observé que éste le ponía a Abū 'Alī, para que hiciese oración, la esterilla nueva sobre la cual oraba él. Durante su oración, las lágrimas le corrían por la cara e iban cayendo sobre la esterilla. Al segundo día, la levantó del sitio en que estaba puesta y aparecieron podridas y deshechas las partes en que habían caído las lágrimas.

Yo frecuenté su trato, desde la época en que entré por este camino de la vida espiritual, hasta que murió. Tenía apasionada afición al matrimonio, sin el cual no podía pasarse. Nuestro maestro de espíritu,

Abū l-Ḥaŷŷāŷ el de Subárbol[125] quiso casarlo con una hija de su hermana. La madre fue a ver a Abū 'Alī y le dijo: «El maestro Abū

122 1 *Esc.*, f. 29 r; *Mor.*, f. 37 r.

123 Cfr. *supra*, biografía n° 3.

124 Se refiere probablemente a su tío 'Abd Allāh, de quien es la biografía siguiente n° 13.

125 Cfr. *supra,* biografía n° 6.

l-Ḥaŷŷāŷ quiere darte en matrimonio a mi hija al-Zaḥrā'.» Aquel día era domingo. Abū 'Alī se quedó callado un rato mirando al suelo, como si estuviese pensándolo. Luego, levantando la cabeza, le respondió: «Nadie habrá que desee tanto como yo el emparentar con nuestro [106] maestro Abū l-Ḥaŷŷāŷ; pero resulta que ya me he casado y dentro de cinco días, a contar de hoy, comenzaré a convivir con mi novia como esposa.» La madre de al-Zaḥrā' le preguntó: «¿Y con la hija de quién te has casado?». El respondió: «¡Ese es mi secreto!». Y diciendo esto se marchó a su casa y se metió en su cama, hasta que pasaron los cinco días, al cabo de los cuales murió.

Extendía su mano a las hierbas silvestres que encontraba en el campo y, aunque fuesen de las más amargas, te las daba a comer y hacía que te supiesen como si fuesen un dulce. Yo le vi realizar muchas maravillas con que Dios le favorecía. De su compañía saqué gran provecho en mi vida espiritual. Para las prácticas de su vida devota se inspiraba en el libro titulado *al-Arba'ūna al-suhayliyya* (*Los cuarenta de Suhaylī*)[126]. Era hombre de mucha energía, y se ganaba la vida con el trabajo de sus manos. Después [107] pues que hubo muerto, lo vio su hermano y le dijo: «¿Qué ha hecho Dios contigo?» Y él le respondió: «Me ha dado, en premio de cada día de trabajo, la recompensa correspondiente a ochenta días.»

Ayunaba muchos días seguidos sin romper el ayuno por la noche. Pasaba también muchas noches en vigilia. Evitaba el conversar con la gente y huía de todo trato social con los mundanos, añorando siempre el verse con las almas de su misma condición. Era, sin embargo, hombre gracioso y bromista, si bien, cuando se chanceaba, jamás decía lo que no era verdad; de modo que le gus-

126 Existe en la literatura árabe un género de obras tituladas así, es decir, *al-Arba'ūna*, que significa «colección de cuarenta dichos Muhammad». Las hay relativas a toda clase de materias religiosas, así dogmáticas como morales, ascéticas y aun místicas. Por eso me atrevo a suponer que Ibn 'Arabī alude aquí a algún libro, así titulado, cuya materia (a juzgar por el contexto) debía ser ascético-mística. Resta por averiguar quién fuese ese autor llamado el Suhaylī. Este patronímico es propio de los habitantes de Fuengirola (provincia de Málaga). Hay varios eseritores musulmanes de ese nombre; pero, entre las obras del más famoso de ellos, 'Abd al-Raḥmān al-Suhaylī (muerto el 581 de la hég.), no aparece ningu-na cuyo título sea el de nuestro texto. [NE. La traducción correcta en el texto, a pesar de que se explicita en esta nota, sería «Los cuarenta de al-Suhaylī»]

taba hacer chistes con la verdad, y aborrecía tanto la mentira y los embusteros, que no los podía soportar.

Salió cierto día en dirección al aduar de los Banū Ṣāliḥ, llevando consigo varias pieles para curtirlas. Las puso a macerar en el río y luego las tendió al sol. Acertó a pasar junto a él una mujer, de la gente de Sevilla. Los sevillanos, y también las sevillanas, son muy aficionados a las burlas y donaires de agudo ingenio. Díjole, pues, aquella mujer a otra que iba en su compañía: «¡Ea, amiga mía, vamos a guascarnos de este hombre, puesto que es un *šakkāz!*» (El *šakkāz* es, en nuestro país, el que tiene por oficio trabajar en el curtido de las pieles de cabrito o de cordero nonato, preparándolas con un arte especial para dejarlas muy blancas, finas y flexibles, quitándoles [108] toda su rigidez. Por eso la gente de esta tierra emplea también esta palabra *šakkāz* como apodo despectivo para designar al hombre que es incapaz de erección sexual en presencia de las mujeres; de modo que al hombre que es de esta condición se le llama *šakkāz* en el sentido de que su miembro viril es fláccido, como la piel que el curtidor así llamado prepara.) Detúvose, pues, la mujer aquella delante de él (que estaba haciendo meditación, pues era muy dado a este ejercicio piadoso que sin cesar practicaba) y le dijo: «¡Salud[127], hermano!» Él le respondió: «¡Salud!», y volvió a su meditación. Ella entonces le preguntó: «¿Cuál es tu oficio y arte?». Él replicó: «¡Déjate de eso! ¿Para qué lo quieres saber?» Ella insistió: «Es preciso que me lo digas.» Entonces él se sonrió y le dijo: «Yo soy un hombre que remoja lo seco, ablanda lo duro y depila lo peludo.» Volvióse entonces la mujer a un lado y riéndose exclamó: «¡Queríamos darle coba y ha sido él quien nos la ha dado!»

Por lo demás, era Abū ʻAlī hombre de vida interior muy intensa y de tan buen corazón que jamás guardó resentimiento alguno contra nadie. Es más: ni siquiera se daba cuenta de los vicios del prójimo, pues no podía ni aun imaginar que en la realidad se diese el caso de que alguien ofendiera a Dios.

127 [NE. Tanto este como el siguiente saludo en el texto original es *al-salām alay-kum* que significa: «la paz sea sobre vosotros» y que representa el saludo islámico prescrito].

[109] 13. ‘Abd Allāh b. al-‘Arabī[128].

Abū Muḥammad ‘Abd Allāh b. Muḥammad b. al-‘Arabī al-Ṭā’ī era tío mío paterno, hermano uterino de mi padre. Entró en el camino de la vida espiritual al fin de su vida, y debió su iniciación a un niño pequeño. Antes de su conversión, acaecida cuando ya había pasado de los ochenta años de edad, ignoraba en absoluto qué cosa fuese este método de vida espiritual. Entregóse, sin embargo, con tal fervor al combate ascético viviendo en los desiertos, que pronto llegó a la cumbre de la perfección.

Se impuso la obligación de recitar cada día una parte del Alcorán y ofrecía a Dios la mitad del mérito de este rezo por el niño aquel que había sido el instrumento de su conversión. Aquel niño fue, en efecto, quien le abrió los ojos en el camino de la vida espiritual.

Una vez, estando sentado en la habitación, exclamó: «—Ya amanece.» Yo le pregunté: «—¿Por dónde lo sabes?» Y él me respondió: «Es que Dios envía, desde la parte inferior de su trono, una brisa que sopla dentro del paraíso, la cual, al levantarse la aurora, sale del paraíso para que todo creyente la pueda aspirar cada día cuando amanece.»

[110] Le salió una gran hernia, que él se la colocaba delante como si fuese una almohada. Tenía un hijo muy bueno, cuyas virtudes llenaban de alegría su corazón. Por eso, temiendo que se pervirtiera si le sobrevivía, rogó a Dios que se lo llevase consigo. Enfermó, efectivamente, el hijo, y entonces su padre pidió a Dios que le enviase la muerte primero a su hijo y después a él. Murió el hijo, en efecto, antes que él, y cuando ya lo hubo enterrado, exclamó: «¡Loado sea Dios! Ahora yo viviré, después de él, cuarenta y cuatro días y moriré a continuación.» Vivió, efectivamente, el tiempo que había predicho, y murió. La noche de su muerte, estábamos sentados junto a su cabecera, después de hacer la oración ritual nocturna.

Él estaba inclinado en la dirección de la alquibla y había encontrado algún descanso en su dolencia, aunque su hernia se había hinchado grandemente. Dijonos: «Reposad un poco y echaos a dormir.» Nos acostamos en seguida, y al punto del día me levanté,

---

128 *Esc.*, f. 29 v; *Mor.*, f. 38 r. Cfr. *Autob. cronol.*, párrafo 2.

acerquéme a verle y me encontré con que había expirado, sin que nadie hubiese estado presente a su muerte. Buscamos entonces aquella hernia y no encontramos de ella ni rastro. Dijimos, pues: «Quizá la hernia no era más que una hinchazón producida por algunos gases, y al desaparecer éstos haya quedado la piel flácida.» Pero he aquí que la piel la tenía como todos, sin que hubiera en ella nada anormal. [111] Entonces me maravillé de que Dios se la hubiera ocultado y suprimido.

A nosotros nos refería milagros ejemplares y admirables. Desde que se convirtió al camino ascético hasta que murió, vivió sólo tres años justos. Su muerte acaeció, antes que yo entrase por el camino ascético.

14. ʻAbd Allāh b. al-Ustā<u>d</u> el de Morón[129].

Abū Muḥammad ʻAbd Allāh b. al-Ustā<u>d</u> al-Mawrūrī sirvió como novicio y fámulo al maestro Abū Madyan, el cual lo llamaba «el buen peregrino». Hizo la peregrinación a La Meca en compañía de ʻAbd al-Razzāq[130]. En La Meca vivió en compañía de Abū ʻAbd Allāh b. Ḥasan[131], al cual le pidió que le diese su hija en matrimonio, por lo mucho que deseaba emparentar con él; pero después se negó él mismo a [111] tomarla, porque temía no poder pagar a su esposa el débito conyugal.

Amábalo mucho el maestro Abū Madyan. Díjole cierto día: «Muchas han sido las exhortaciones que he hecho a las gentes llamándolas hacia Dios, pero ni uno sólo me ha escuchado. Por eso quisiera escogerte a ti como compañero mío íntimo, para que con-

129 *Esc.*, f. 30 r; *Mor.*, f. 38 v. Cfr. *Autob. cronol.*, párrafos 9 y 22. En este último se le llama por error ʻAbd Allāh *al-Marwazī* en vez de *al-Mawrūrī*.

130 Alfaquí tunecino, discípulo de Abū Madyan. Cfr. Bargès, *op. cit.*, p. 20, y *supra*, p. 49, nota 1.

131 No encuentro que se llamase así más que un tradicionista de Jaén, que residió algún tiempo en Villena (Alicante), de donde marchó a oriente, huyendo de los disturbios políticos acaecidos cuando la dinastía de los almorávides desapareció, o sea en la mitad del siglo XII de J. C. Cfr. *Takmila*, biografía n° 728.

migo salieras a retirarte en alguno de estos montes, donde vivieras conmigo en alguna cueva hasta que yo muera.» Al-Mawrūrī, al contar esto, decía: «Yo me alegré mucho de su proposición, pues comprendí por ella que ocupaba yo un gran lugar a los ojos de Dios. Llegó la noche y me dormí y vi en el sueño que el maestro, cuando predicaba a la gente, era como un sol, y cuando callaba, era como una luna. A la madrugada del día siguiente le referí mi ensueño y él, sonriendo, dijo: «¡Loado sea Dios, hijo mío! Sol quisiera yo ser, pues el sol disipa toda oscuridad y ahuyenta toda tristeza.»

Poseía 'Abd Allāh al-Mawrūrī una intención dotada de eficacia y veracidad admirables para cuanto se proponía. Se puso en viaje, cuando dejó al maestro Abū Madyan, para regresar a al-Ándalus llamado por su madre. El maestro Abū Madyan le encargó que saludase de su parte al maestro de espíritu Abū 'Abd Allāh, que vivía en la ciudad de Almería, conocido por el sobrenombre de al-Gazzāl, y que había [113] sido de los discípulos de Ibn al-'Arīf[132]. Este último fue contemporáneo de Abū Madyan, de Abū l-Rabī' el ciego, que vivía en Egipto, de 'Abd al-Raḥīm, que vivía en Qanā *[sic]*, y de Abū l-Naŷŷār, que vivía en la Isla del oro[133]. Cuando al-Mawrūrī llegó a Almería, se dirigió a la morada del maestro Abū 'Abd Allāh al-Gazzāl, y encontrando allí a los discípulos de éste, que estaban sentados, les dijo: «—Pedid permiso en mi nombre al maestro para que me reciba.» Ellos le respondieron: «El maestro está ahora durmiendo.» Y como no lo recibían, se molestó al notar que ello obedecía a que el velo que cubría su vista interior era tan espeso que no les permitía reconocerlo. Replicóles, pues: «Si yo viniese a él en Dios, de seguro que Dios lo despertaría inmediatamente.» Y he aquí que la puerta se abre y el maestro sale restregándose los ojos de dormir, y dice: «¿Dónde está ese que ha venido?» Y diciendo esto, lo saluda y lo acoge con toda clase de cumplimientos. Era el carácter predominante de Abū Muḥammad al-Mawrūrī la alegre expansión, mientras que los discípulos aquellos del maestro al-Gazzāl [114] eran, por natural carácter, encogidos y tristes. Así, pues, cuando

132 Cfr. *Autob. cronol*, párrafo 17 y *supra*, p. 60.

133 No me ha sido posible identificar la personalidad de estos dos últimos sujetos ni las dos últimas localidades. Sobre Abū l-Rabī' el ciego, véase *Autob. cronol.*, párrafo 12, donde se dice que era malagueño.

el maestro se hubo despedido de ellos y se marchó, sus discípulos dijeron a al-Mawrūrī: «¡Oh, Abū Muḥammad! ¡Cuánto mejor sería que reprimieses ese expansivo carácter que tienes!» Él les preguntó: «¿Pero qué cosa es la expansión?». Ellos le respondieron: «Es la piedad.» El insistió: «Y ¿qué es la opresión?» Ellos respondieron: «La pena.» Él entonces exclamó: «¡Oh, Dios mío, no permitas que yo pase de tu piedad a tu pena!» Quedáronse avergonzados los discípulos de al-Gazzāl y se marchó al-Mawrūrī[134].

Cuéntase también de él que cuando, en ese viaje de regreso, llegó a Granada, se hospedó en casa del maestro de espíritu Abū Marwān. Lo había conocido en casa de Abū Madyan con ocasión de la enfermedad que allí contrajo uno de los familiares de Abū Marwān, al cual habían curado de su dolencia, además de atender a su manutención. Por eso el enfermo, así que se sintió sano, informó de todos estos favores recibidos a sus deudos de Granada. Llegado, pues, ʻAbd Allāh al-Mawrūrī a esta ciudad y hospedado [115] dado por Abū Marwān, juntáronse muchas personas en la casa para recibirle. Habíales puesto el anfitrión una mesa con almojábanas[135] rellenas de miel; mas como el hijo del amo de la casa se había marchado aquella madrugada a un cortijo que tenía en las cercanías de la ciudad, los tertulianos estaban pesarosos de que el hijo del anfitrión no asistiera con ellos al agasajo. Entonces Abū Muḥammad al-Maurūrī, que ya había comido hasta saciarse, dijo a los presentes, que también habían comido ya bastante: «Si queréis, yo comeré aquí en vez de él, y él se hartará de este mismísimo manjar, estando en su cortijo.» Quedáronse todos llenos de incertidumbre al oír sus palabras, sin atreverse a decidir en su interior ni a manifestar de palabra si aquello era o no imposible. Entonces le dijo Abū Marwān: «¡Por Dios te lo pido, Abū Muḥammad; haz eso que dices!»

134 El sentido de estas palabras de al-Mawrūrī es el siguiente: «Supuesto que la alegría espiritual o expansión del alma nace de que ésta tiene conciencia de ser objeto de la misericordia divina, así como, por el contrario, la tristeza espiritual u opresión del corazón nace del temor del castigo de Dios, no permita el Señor que yo pierda mi carácter expansivo para hacerme huraño y triste.»

135 *Al-muŷabbana* era una especie de buñuelo hecho con harina, azúcar y queso. Todavía se hacen, aunque sin queso, en algunas regiones españolas, donde se los conoce con el mismo nombre árabe de almojábanas.

Y al-Mawrūrī, como si no hubiera comido aún, comenzó a comer de nuevo, diciendo: «¡En el nombre de Dios!». De pronto dejó de comer y dijo: «Ya está harto. ¡Si ahora siguiese yo aún comiendo más de este manjar, de seguro que él se moría!» Pasmados de admiración todos los de la tertulia, decidieron que ni uno [116] solo de ellos se había de mover de allí, hasta que llegase de regreso el hombre aquel, en sustitución del cual había comido al-Mawrūrī. Cuando llegó, pues, la noche de aquel mismo día, penetró en la casa, de regreso del cortijo, el hijo de Abū Marwan. Levantáronse todos para salir a recibirle, y haciéndole sentar, le dijeron: «Vemos que te traes las pro visiones que te llevaste, sin haber comido de ellas nada.» El replicó: «—¡Efectivamente, amigos míos! Es que hoy me ha ocurrido una cosa maravillosa: tan pronto como llegué al cortijo y me senté, he aquí que sentí en mi boca el sabor de almojábanas, rellenas de miel, que iban descendiendo por mi tragadero hasta llegar al estómago, donde se iban deteniendo, hasta que me sentí harto; tanto, que si hubieran entrado más almojábanas en él, de seguro que me matan. De modo que, desde entonces hasta este momento, he seguido con la misma sensación de hartura. ¡Aún me repiten!» Quedáronse, pues, llenos todos de admiración y de gozo, porque veían con sus propios ojos un hombre como al-Mawrūrī [siempre así] favorecido por Dios con tamañas dotes. El suceso me lo refirió luego al-Mawrūrī, tal y como pasó. También me lo contó, en casa de 'Abd Allāh al-Šakkāz de Priego, la persona misma en cuya sustitución comió al-Mawrūrī hasta hartarlo. En mi compañía estaba mi discípulo 'Abd Allāh Badr el Abisinio, con otros muchos [117] en reunión. El sujeto aquél, al terminar, exclamó con acento de pena: «¡Hombre como 'Abd Allāh al-Mawrūrī no he visto jamás!»[136].

Cierta noche me hizo ver Dios en sueños todas las moradas de la vida espiritual, y me las hizo recorrer, hasta que llegué a la morada de la abnegación. Entonces vi a nuestro maestro 'Abd Allāh al-Mawrūrī en medio de aquella morada: la morada giraba sobre

136 Un esbozo de esta misma anécdota trae Ibn 'Arabī en su obra *Mawāqi'.* — Cfr. *Autob. cronol*, párrafo 9. — Sobre 'Abd Allāh al-Šakkāz de Priego, cfr. *infra*, biografía n° 15.

él, como gira sobre su quicio el ruejo del molino, y él permanecía fijo, sin conmoverse. Luego le escribí comunicándole esta visión[137].

Yo lo traté familiarmente y tuve con él íntimas relaciones, que de mucho me sirvieron para mi perfección. Tenía una mujer bellísima y muy joven, mejor que él todavía y de más intensa vida espiritual.

Un día, que era miércoles, estaba este maestro y señor nuestro en casa de Sol, madre de los pobres, en Marchena de los Olivos[138]. La anciana le dijo: «Desearía que viniese mañana Abū l-Ḥasan b. Qayṭūn. [118] Escribidle hoy, y así es fácil que mañana llegue.»

Aquel sujeto vivía en el pueblo de Carmona, distante de Marchena siete parasangas, y ejercía allí la profesión de maestro de niños, a los cuales enseñaba el Alcorán todos los días, excepto los jueves y viernes, que les daba vacación. Díjole, pues, a la anciana Abū Muḥammad al-Mawrūrī: «¡Eso de escribirle para que venga es lo que hace el vulgo!» La anciana replicó: «Y tú, pues, ¿qué es lo que vas a hacer?» Él respondió: «Lo voy a traer con mi intención[139].» Ella añadió: «¡Anda, pues! Haz que en este mismo momento se mueva su espíritu formando el propósito de venir a vernos mañana, si Dios quiere» Al día siguiente la anciana le dijo a al-Mawrūrī: «Ya ves cómo no ha venido.» El replicó: «Me había olvidado, efectivamente; pero ahora mismo lo hago salir.» Y diciendo esto le envió su intención. Un poco antes de mediodía, el dicho Abū l-Ḥasan penetró de improviso en donde se encontraban, y todos quedaron maravillados. Al-Mawrūrī les dijo: «Preguntadle: ¿qué es lo que te ha hecho olvidarte de nosotros hasta este momento y cómo te vino a las mientes la idea de venir a vernos y cuándo formaste el propósito de hacerlo?» El respondió diciendo: «Ayer a media tarde noté que en mi interior alguien me decía: «¡Vete mañana a Marchena!» Así, pues, les dije a los niños de la escuela: «Mañana no vengáis nin-

137 Cfr. *Autob. cronol*, párrafo 9.

138 Cfr. *Autob. cronol.*, párrafo 8. Allí Ibn ʿArabī la llama *Jazmín* y no *Sol*. El apodo «Madre de los pobres» significa «maestra de espíritu de los ascetas que profesan vida mendicante». Más adelante se inserta su biografía, n° 54.

139 [NE. El término técnico no es intención, que habitualmente en árabe es *nīya*, sino que el texto explicita *himma* que equivaldría una «energía de conexión» o una energía que se funda en la aspiración espiritual. *Šams* de Carmona usa esta energía que se genera entre discípulo y maestro para conectarse místicamente con él].

guno.» [119] Al día siguiente, cuando me levanté de dormir, aquella idea se me había borrado del espiritu.» (Era precisamente la hora en que nuestro señor Abū Muḥammad al-Mawrūrī se había olvidado de él.) «¡Sigue, veamos!», le dijeron los circunstantes. Él continuó diciendo: «Me dirigí, por tanto, a la escuela, y llegaron los niños y cogieron sus tablillas para escribir; pero en aquel instante, estando yo como estaba, he aquí que de repente siento que mi corazón se angustia, como si alguien lo oprimiese, y noto que se me dice: «Sal inmediatamente hacia Marchena a visitar a la anciana.» Díjeles, pues, a los niños: «Marchaos a vuestras casas», y seguidamente salí para venir a veros. Esta, pues, fue la causa de mi retraso.» Los presentes entonces le dijeron: «Precisamente la cosa ha sucedido de tal y cual manera»; y le explicaron el suceso con todos los pormenores. El, maravillado, exclamó: «¡Por Dios, que esto es enorme!»

Después de este hecho, el tal Ibn Qayṭūn miraba ya al-Mawrūrī- con gran veneración. Su fervor religioso se intensificó y emprendió un viaje a Almería para ponerse bajo la dirección espiritual de un maestro que allí había, llamado ‘Abd Allāh al-Gazzāl, que era de los discípulos de Ibn al-‘Arīf, el contemporáneo de Abū l-Rabī‘ el ciego, de Abū l-Naŷā’ *[sic]*, de ‘Abd al-Raḥīm, y de aquella famosa generación de [120] místicos[140]. Lo vió, pues, se aprovechó mucho de su dirección espiritual y se volvió luego a Carmona, donde no cesó de consagrarse al servicio de los ascetas que profesan la vida mendicante, hospedándolos en su casa y ejercitándose en la práctica de la humildad. Todo esto me agradó sobremanera; pero ello no quita para que yo asegure que después lo vi llegar a Sevilla y frecuentar la compañía de los alfaquíes y asistir a las reuniones de los estudiantes que buscan la ciencia como medio para medrar en este mundo.

Estudió, pues, el Derecho y sus fundamentos y la Teología dogmática, y estableciόse en aquella ciudad de Sevilla para ejercer la profesión de maestro de Alcorán. El trato asiduo de aquellas gentes acabó al fin por llevarle a abandonar y hasta rechazar a los ascetas mendicantes, cuyos éxtasis negaba, aunque se tratase de místicos veraces y sinceros.

140 Cfr. *supra*, p. 113, nota 2.

Pero ¡guárdate bien, oh, hermano mío, de pensar mal y líbrate Dios de creer que yo vitupero a los alfaquíes por la sola razón de que son alfaquíes, o sea porque estudian el Derecho! No debe sospecharse tal cosa de ningún musulmán, porque la nobleza del Derecho y del estudio de la ley divina es evidente.

Los alfaquíes que yo vitupero son tan sólo aquellos que buscan con su ciencia hacer fortuna; que estudian [111] el Derecho por lograr fama y renombre para atraerse las miradas de las gentes y que de ellos se hable; que se dedican constantemente a las disputas y polémicas; que, además, se atreven a contradecir a los hombres religiosos que sólo aman la vida futura y que temen a Dios, el cual les inspira y comunica su propia ciencia. Y sin embargo, los alfaquíes, quiero decir, esta clase de alfaquíes, osan contradecirles en cuestiones que atañen a una ciencia que ellos no conocen y cuyos fundamentos ignoran. Tanto es así, que si se les pregunta el significado de una cualquiera de las voces técnicas que los místicos emplean, no saben contestar. Y con esto basta para demostrar su ignorancia.

Por la misma razón hee vituperado también en este libro mío a los sufíes; pero no quise referirme à los sufíes veraces y sinceros, sino únicamente a aquellos que a los ojos de las gentes aparecen vestidos con el hábito de los sufíes auténticos, mientras que en su interior y a los ojos de Dios son todo lo contrario... No niego yo, pues, la alta importancia del Derecho... Lo que hago es censurar a esa clase de alfaquíes que se dejan dominar por sus pasiones y concupiscencias y vencer por Satanás... En cambio, los sabios que practican lo mismo que enseñan, los limpios de corazón, los de sólida ciencia y virtud, esos son verdaderos príncipes y doctores [122] perfección, hitos que marcan la vía de la piedad. Cuando me oyes, pues, vituperar a los alfaquíes en este libro, tan sólo me refiero a aquella especie de alfaquíes.... Y digo lo mismo de los sufíes: tan sólo censuro a esos que dije, pues los sufíes panteístas y los sufíes libertinos y otros semejantes, aunque aparecen profesar la vida mística y por lo que aparece se les juzga, son en realidad el ejército de Satanás... [141]

141 De esta larga digresión he suprimido algunos párrafos que carecen de interés

El señor ‘Abd Allāh al-Mawrūrī vino más tarde a visitar en su casa al dicho Ibn Qayṭūn (que había visto con sus propios ojos las maravillas que al-Mawrūrī hacía por favor divino). Llamó a la puerta. Yo iba con él en compañía de mi discípulo ‘Abd Allāh Badr el Abisinio. Desde dentro, preguntó Ibn Qayṭūn: «—¿Quién está a la puerta?» Respondió: «‘Abd Allāh al-Mawrūrī que viene a visitarte.» Calló Ibn Qayṭūn un rato, y luego salió su hijo y le dijo: «Está ocupado.» Pero en seguida añadió: «No está aquí.» De modo que ya Ibn Qayṭūn no hacía caso alguno de la alta dignidad espiritual de al-Mawrūrī. ¡A este extremo llegaba ya su odio hacia los ascetas que profesan vida mendicante! ¡Y todo ello era efecto de la nociva influencia que sobre el ejercieron [123] los alfaquíes! Líbrenos Dios de todo el que intente apartarnos de Él y de sus amigos y elegidos!

Cuando Ibn Qayṭūn me encontraba, echábame en cara el que yo me acompañase de ellos (es decir, de los místicos), y me decía: «Un hombre como tú, ¿cómo es que vas con ellos?» Y yo le replicaba: «¡Un hombre como yo, ni siquiera es digno de servirles como fámulo, pues ellos son los señores!» Él, si me compadecía, era tan sólo porque simpatizaba conmigo en razón de que yo me dedicaba también al estudio de la ciencia teológica que él enseñaba, pero no porque yo anduviese por el mismo camino de aquella gente, es decir, de los alfaquíes, ni porque les tuviese ningún afecto. Así es que acabé pronto por abandonarlo a las manos de Dios y cortar todo trato con él.

Hoy ya Ibn Qayṭūn tiene de la santidad la misma opinión que tienen los alfaquíes, es decir, que para él la santidad, [la vida espiritual con sus carismas, éxtasis y fenómenos preternaturales], es un estado psicológico que la inteligencia humana concibe, si, como posible e imaginable, pero sin que se conozca sujeto alguno que en realidad lo posea. Eso sí: cuando el alfaquí describe los fenómenos característicos de los santos, cabe, para convencerle, el recurso de fijar su atención sobre algunos de esos fenómenos concretos y luego mostrárselos realizados en una persona [124] determinada. Pero, aunque los vea con sus propios ojos, es seguro que dirá: «¡Vamos a

histórico. [NE. Notese la fuerte crítica a la visión de un sufismo que no conecte con la verdad *(ḥaqīqa)*. La traducción de Asín es muy poco precisa. Se cortan entre ellos varios hadices. Cfr. Ghurab, 1994, pp. 100-101].

ver! ¿Quién es el que puede afirmar con certeza que esa persona es sincera y pura en su intención religiosa? ¡Aunque lo fuese, ni tú ni yo podríamos estar seguros de ello, puesto que siempre cabría sospechar que todos eran fruto de cierta sagaz simulación!» De modo que, según esto, jamás verás al alfaquí pensar bien de nadie.

Por eso yo no he cesado nunca, a Dios gracias, de combatir a los alfaquíes en defensa del derecho de los santos y místicos, rechazando sus ataques en buena lid y protegiéndolos contra sus asechanzas. Dios mismo, en sus revelaciones, me inspiró esta conducta. El que osa vituperarlos y censurarlos en particular y como tales místicos, atribuyendo a los que realmente lo son los defectos de aquellos que no lo son, evidentemente es un necio, cuya ignorancia no podrá jamás permitirle atinar con la verdad.

En el Sagrado Templo de La Meca discutió conmigo un alfaquí que se llamaba el Qāḍī ʻAbd al-Waḥḥāb al-Azdī, natural de Alejandría, de cuyo corazón se había adueñado Satanás hasta el extremo de inducirle a afirmar dogmáticamente que, en el tiempo este en que vivimos, no existía ni un solo caso auténtico, de los muchos que se cuentan relativos a los varios [125] grados de la vida mística, los cuales no son más que cuentos de viejas y delirios o quimeras.

Yo le interrogué así: «¿Cuántos son los países que pertenecen a los musulmanes en la parte habitada de la tierra?» «Muchos.» «¿Y cuántos has visitado?» «Seis o siete.» «¿Cuántos son sus habitantes?» «Muchos.» «Y ¿cuántos son más: los que tú viste o los que no viste?» «Los que no vi.» Echéme entonces a reír y le dije: «El extremo a que llega en su insensatez el necio es éste, a saber: que si ha visto muchas personas de una clase y le quedan sólo por ver unas pocas, juzga de las pocas que no ha visto por lo que sabe de las muchas que ha visto. Porque en tal hipótesis, el hombre que es buen musulmán y discreto en sus juicios, lo que hace es decir: «¡Quizá entre esos pocos que no conozco haya uno por lo menos que sea un hombre digno!»

Ahora bien, ¿qué habremos de sentir del que comienza por confesar que no ha visto más que unas pocas personas de contados países de la tierra, y a continuación afirma dogmáticamente lo que ese tal aseguraba? ¡Evidentemente habremos de decir que es un necio!...

Pero todavía hubo algo más estupendo que todo lo dicho, y fue esto que le oí decir y que contradecía en absoluto el principio mismo en que se fundaba: [126] «¡Todos los hombres se clasifican en dos grupos: inteligentes y necios! De los necios no hay que hablar siquiera, puesto que son imperfectos. Y de los inteligentes, ni uno sólo está libre de errar. Luego no queda nada.» Véase, pues, cómo fijaba su atención exclusivamente en los defectos e imperfecciones de los hombres, y prescindía, en cambio, de examinar las buenas cualidades y dotes de perfección que también poseen.

¿Por qué, en efecto, no dedujo de su clasificación, como debía, esta otra consecuencia? El necio acude al sabio y aprende de él, por criterio de autoridad, la ciencia que personalmente es incapaz de adquirir a causa de su falta de inteligencia; Dios entonces le ayuda con su gracia, y de esperar es que algo aprenda ayudado por Dios.

El inteligente, por otra parte, lo más común es que ordinariamente acierte con la verdad en la generalidad de los casos, porque no se satisface jamás en materia alguna, sino con pruebas apodícticas, precisamente porque es hombre inteligente. De modo que si yerra y persiste en después de haber estudiado con todo empeño el problema, es excusable; esto sin contar con que todavía cabe esperar que más tarde vuelva de su error...

En suma, observé que aquel alfaquí era el más ignorante de los necios.

[127] 15. Abū Muḥammad ʻAbd Allāh al-Šakkāz[142]

Era natural del castillo de Priego y fijó su residencia en Granada, donde ha vivido hasta la fecha. Yo entré en relaciones con él en su propio domicilio, acompañado de mi discípulo ʻAbd Allāh Badr el Abisinio. Tenía yo por costumbre —siempre que entraba en relaciones con un nuevo maestro de espíritu o simple colega en la vida de perfección— el entregarle cuanto dinero llevaba conmigo, sin

142 *Esc.*, f. 32 v; *Mor.*, f. 42 r. Cfr. *Autob. cronol.*, párrafos 9 y 17. Su sobrenombre, *al-Šakkāz*, significa «el curtidor en fino». Cfr. *supra*, biografía n° 12, p. 107.

reservarme nada. Aquel día, no llevaba encima más dinero que un solo *dirham*, y se lo entregué.

Era hombre de gran fervor y perseverancia para el combate ascético. La tristeza espiritual y el llanto era lo que le dominaba. Odiaba el pecado tanto como la infidelidad, y el pecado venial tanto como el mortal. En la guarda de los sentidos era tan escrupuloso y vigilante, que llegó casi a ser impecable, es decir, preservado por Dios de toda falta. De él podía decirse lo mismo que de su maestro decía el místico Abū 'Uqqāl[143]: «Viví en compañía de mi maestro [128] de espíritu y jamás observé en él cosa mayor en cuanto a sus prácticas ascéticas, puesto que toda la noche la pasaba durmiendo.» Esto hízole pensar a Abū 'Uqqāl que su maestro era hombre de muy poca mortificación y ascetismo, pero así que le vino tal idea, he aquí que una voz le dijo en su interior [Alcorán, XLV, 20]: «Los que obran mal, ¿piensan acaso que les habremos de tratar lo mismo que a los que creen y obran bien, de modo que la vida y la muerte de unos y de otros hayan de ser las mismas? ¡Cuán mal juzgan!» Y Abū 'Uqqāl añadía: «Fuí entonces y le dije a mi maestro: «— Señor, ¿cometiste acaso alguna vez un pecado mortal?» Y el me respondió: « — ¡Ni siquiera venial consentido!»

Este 'Abd Allāh al-Sakkāz pasaba la noche entera en oración y el día en ayunas. Ningún novicio pudo jamás soportar su dirección espiritual, porque el maestro le exigía practicar rigurosamente los mismos ejercicios que el practicaba, y el novicio rehuía. Por eso vivió aislado y solitario, No tenía compasión alguna ni aun para sí propio. Si le hablaban de la benevolencia que para con sus propias almas tuvieron los Compañeros Muhammad, decía: «Aunque no hubiesen tenido más mérito que el de ser discípulos del Profeta, ¿cómo habíamos de osar compararnos con ellos?»

Por lo demás, yo no he visto que nadie en esto [129] se le asemejara, si no es Abū Muslim al-Jawlānī, uno de los ascetas de la generación inmediata a los Compañeros Muhammad. Este asceta, llevado de su fervor por la mortificación, cortaba unas varas y, cuando en la oración se fatigaba ya de tanto estar de pie, azotaba

143 Este místico era magrebí y se hizo famoso por sus dotes preternaturales para soportar el hambre. Cfr. Asín, *La psicol. según Mohidín*, p. [144], nota 1.

sus piernas con una vara diciendo: «¡Tú mereces más los palos que mi burro!», hasta que rompía todas las varas...

Este 'Abd Allāh al-Šakkāz era hombre que acogía a todos con graciosa afabilidad y los trataba familiarmente. Sentía grande afición a las sentencias alegóricas de sentido místico. Yo le oí una vez decir: «Fijad bien la atención en estas cuatro clases de hombres: hombres que cumplen sinceramente lo que a Dios prometieron; hombres a quienes no les distrae de pensar en Dios comercio ni venta de ninguna clase; hombres que están sobre *al-A'rāf*; hombres que vienen a visitarte a pie»[144].

[130] 16. Abū Muḥammad 'Abd Allāh al-Qaṭṭān[145]

Todas las revelaciones que Dios le comunicaba recibíalas a través del Alcorán. Llevado de su celo por el cumplimiento de la ley de Dios, condenaba abierta y valerosamente cualquier prevaricación que conocía, sin que le importaran las censuras de quienquiera que fuese. A los mismos sultanes osaba contradecirles, censurarles y afear sus palabras y acciones, cara a cara. Tenía en estas ocasiones un celo tan vehemente, que francamente acusaba a quien creía reo de injusticia o pecado, y esto sin empacho alguno y sin que le importase un bledo, aunque supiera que con sus invectivas contra los sultanes se exponía al peligro de perder la vida. Muchos fueron los casos en que mantuvo violentas discusiones con los sultanes, para echarles en cara sus infracciones de la ley divina; pero

144 Las dos últimas clases de hombres están tomadas de dos textos alcoránicos (VII, 44 y XXII, 28) cuyo sentido esotérico es difícil adivinar. Sin embargo, el mismo Ibn 'Arabī en su *Tafsīr* (El Cairo 1317 hég. los interpreta así: el texto primero dice (1, 118) que alude a los místicos intuitivos, que por su íntima unión con la majestad divina no gozarán en el cielo de los placeres sensibles, sino únicamente de la contemplación y fruición de la divina esencia; el texto segundo dice (II, 28) que se refiere asimismo a las almas que llegan a Dios despojadas de todo afecto o apetito sensible. — Por lo que toca a las dos primeras clases de hombres, su sentido es más obvio conforme a la letra.

145 [*Esc.*, f. 33 r; *Mor.*, f. 42 v. Su sobrenombre *al-Qaṭṭān* significa «el comerciante en tejidos de algodón»; pero como los datos de su biografía no aluden a tal profesión, cabe que se trate de un simple apellido de familia.

el relato minucioso de todos ellos exigiría un tiempo de que no disponemos.

No usaba, en sus explicaciones, de otras autoridades que de textos del Alcorán, ni estimaba digno de estudio más libro que éste. Jamás adquirió ningún [131] otro libro. Yo le oí decir en una reunión, en la ciudad de Córdoba, lo siguiente: «¡Desgraciados de los autores de libros y de obras! ¡Cuán prolija será la cuenta que habrán de dar el día de mañana! ¡Con el Libro de Dios y con las tradiciones de su Enviado basta!»

A sus discípulos los vigilaba y observaba atentamente. Jamás quiso gozar de las comodidades de la vida, ni se juntó nunca con dos monedas de plata.

Dió orden una vez el sultán de que lo buscasen para condenarlo a muerte, y los esbirros del sultán lo cogieron preso y lo introdujeron a la presencia del visir, el cual lo hizo sentarse ante él. Entonces 'Abd Allāh le increpó en estos términos: «¡Tirano, enemigo de Dios y de tu propia alma! ¿Para qué me buscas?» El visir le contestó: «¡Dios te ha puesto ya en mis manos y te aseguro que no viviréis ni un día más, después de hoy!» El maestro Díjole entonces: «¡Tú no puedes ni abreviar el plazo de mi muerte, ni retrasar tampoco el decreto de Dios! Nada de eso sucederá, aunque tú lo pretendas. ¡Yo, en cambio, juro por Dios que estaré presente a tu entierro?» Dijo el visir a sus esbirros: «Metedlo en la cárcel, hasta que yo consulte al sultán sobre su muerte.»

Aquella misma noche lo metieron en la cárcel, y al entrar en ella iba diciendo: «¡No tiene nada de extraño esto para el hombre de fe, pues el creyente sabe [132] que, mientras vive acá abajo, está en una cárcel! Este calabozo, pues, no es más que una de las habitaciones de la cárcel, que es el mundo.» Al segundo día, al despachar el visir con el sultán, le contó el caso del maestro y las palabras que había pronunciado. Mandó el sultán que se lo presentaran, y así que lo tuvo delante, le pareció que era un hombre despreciable, del cual no había que hacer caso. Era lo mismo que pensaban de él todos los mundanos: nadie le quería bien, porque a todos ellos les decía las verdades y les ponía de manifiesto sus vicios y las injusticias y maldades que cometían. El sultán, después de preguntarle su nombre y linaje, le dijo: «¿Sabes, acaso, el credo de tu religión?» El maestro, por toda respuesta, se puso a recitarle textos del Alcorán, acompañados de análisis literarios de su contenido.

Maravillado el sultán de aquello, comenzó a expansionarse con él, dándole conversación sobre varios temas, hasta que recayó la charla sobre el gobierno político del reino y su importancia. Entonces el sultán le preguntó: «—¿Y tú qué dices acerca de este reino mío?» Echóse a reír el maestro por toda respuesta. El sultán le dijo entonces: «¿De qué te ríes?» «De ti (respondió el maestro); de que llamas reino a esta locura en que vives, y de que a ti propio te llaman rey, cuando en realidad eres como aquel de quien dice Dios [Alcorán, XVIII, 78]: «Tras ellos hay un [132] rey que roba todos los barcos.» El verdadero rey es únicamente aquel que con su propio fuego se cuece el pan cotidiano o que por sí se lo gana. Tú, en cambio, no eres más que un pobre hombre que te amasan el pan y luego te dicen: «¡Anda, cómetelo!»

Y así siguió abrumándole con todo género de invectivas, usando las palabras más duras, desagradables e irritantes, y esto en presencia del consejo real, formado por los ministros y alfaquíes. Calló, sin embargo, el sultán, mudo de confusión y vergüenza. Luego, dijo: «—¡Este es un hombre a quien Dios ayuda con su gracia!» Y dirigiéndose a él, exclamó: «'Abd Allāh, desde hoy asistirás a nuestro consejo!». El maestro replicó: «De ninguna manera.» Esta sala en que tienes tu consejo es fruto del robo, y este tu palacio en que habitas, te apoderaste de él sin derecho. Si no estuviese privado de mi libertad por la violencia, jamás hubiese penetrado aquí. ¡Líbreme Dios de estar junto contigo y con gentes como tú!» El sultán, entonces, mandó que se le diera un donativo, y lo perdonó. El maestro rehusó aceptar el donativo, aunque admitió la libertad que se le concedía. Salió, pues, de palacio, mientras el sultán ordenaba que le fuese enviado aquel donativo a su familia. No pasó mucho tiempo sin que el visir muriera.

Aquel día, el maestro salió de casa para asistir a su entierro, a la vez que decía para sí: «¡Verídico fuí en [134] mi juramento!» Y luego, a gritos y elevando el tono de su voz cuanto podía, se puso a decir delante de los magnates de la corte: «¡Estos libertinos son los que oprimen al mundo con sus injusticias! ¡Caiga sobre ellos la maldición de Dios, de los ángeles y de los hombres todos! ¡En esta maldición han de vivir por toda la eternidad, sin que su tormento se aligere jamás y sin que Dios torne nunca hacia ellos su mirada!»

A este maestro de espíritu lo acompañé yo como discípulo y me quería mucho. Una noche le mandé llamar para que la pasase en mi casa, y cuando ya él había comenzado su conferencia, se presentó mi padre (¡Dios lo haya perdonado!), que era de los cortesanos del sultán. Así que entró, le saludó. Mi padre tenía ya entonces algunas canas. Rezamos la oración litúrgica de la noche y seguidamente le presenté la cena al maestro y me senté a comer con él. Mi padre se nos agregó, con el propósito de participar de los méritos espirituales del maestro; pero éste, volviendo el rostro hacia él, exclamó: «¡Oh, viejo funesto! ¿Cómo no te avergüenzas ante la presencia de Dios? ¿Hasta cuándo has de vivir en compañía de esos tiranos? ¡Qué poca vergüenza tienes! ¡Vives tan tranquilo como si estuvieses seguro de que la muerte no ha de venir a sorprenderte en ese estado de maldad en que vives! ¿No tienes, acaso, en este hijo tuyo [135] (y me señaló a mí) un ejemplo vivo que te puede servir de exhortación moral? Siendo, como es, un joven de pocos años, en la edad de las pasiones, ha domado ya sus apetitos, ha vencido a su demonio tentador y se ha convertido a Dios, buscando la compañía de los siervos de Dios. ¡Tú, en cambio, eres un viejo perverso, estando como estás ya al borde del abismo infernal!» Lloró mi padre y confesó su culpa, mientras yo presenciaba atónito toda aquella escena.

Muchos son los hechos de este maestro que podría contar aún. Su vida espiritual fue maravillosa.

Yo me reuní más adelante con él, en compañía de mi discípulo ‘Abd Allāh Badr el Abisinio, en Córdoba, y nos fuimos con él a su casa. Cierto día oíle decir esto: «¡Cuánto me maravilla ver que algunos buscan cabalgadura en que montar, sin apresurarse antes a dar gracias a Dios del manjar que les da a comer y del traje que les da para vestirse!» El, por su parte, no empleaba para comer y para vestir más que lo estrictamente necesario. Contra los orgullosos era terrible. Jamás dejó de tomar parte en las campañas contra los cristianos. Y lo hizo siempre como soldado de a pie, y sin llevar consigo provisiones.

[136] 17. Abū Ŷa'dūn el alheñero[146].

Murió en Fez el año 577 [1181 de J. C.]. Fue compañero mío y de mi discípulo 'Abd Allāh Badr el Abisinio. Era una de las cuatro columnas *[awtād]* de la jerarquía mística, en atención a las cuales no deja Dios al mundo de su mano[147]. Rogó a Dios le hiciese la gracia de perder la buena fama de que gozaba entre las gentes, y, en efecto, cuando estaba ausente no se le daba crédito alguno, y cuando estaba presente no se le consultaba para nada, y cuando llegaba a un sitio nadie le hacía lugar, y cuando tomaba la palabra ante un grupo lo trataban de necio y aun le pegaban. [137]

La ocasión en que me reuní con él fue la que ahora diré: cuando yo llegué a la ciudad de Fez, ya la fama de mi nombre se había extendido entre algunos de sus habitantes, los cuales, deseando reunirse conmigo, afluyeron a mi casa; yo entonces me escapé de casa para refugiarme en la mezquita aljama; no encontrándome, pues, en mi casa, buscábanme por la mezquita; yo los veía que me buscaban, y cuando me preguntaban dónde estaba yo, respondíales: «Buscadlo hasta que lo encontréis.» Entonces, pues, estando yo sentado en el suelo y vestido con un traje fino, he aquí que advertí que delante de mí se hallaba, sentado también, este maestro de espíritu, al cual yo jamás lo había conocido con anterioridad a aquella fecha. Él me saludó diciendo: «¡Dios te salve, y que su misericordia y bendición desciendan sobre ti!»[148] Correspondí yo a su saludo y él abrió el libro de al-Muḥāsibī, titulado *Comentario de la*

---

146 *Esc.*, f. 34 r; *Mor.*, f. 44 v. Su sobrenombre responde al oficio del cual vivía.

147 Según Ibn 'Arabī, existe entre los místicos una complicada jerarquía que él explica al por menor en *Futūḥāt* (II, 7-11). Las grados de dignidad y perfección esotérica dentro de esta jerarquía mística son los siguientes: 1º, existe un *quṭb* o polo, sobre el cual gira como sobre su centro la esfera universal de la vida espiritual de todo el mundo; 2°, dos *imām* o jefes, que son los vicarios del *quṭb*, al cual suceden cuando muere; 3°, cuatro *awtād* o columnas, que ejercen su misión en cada uno de los cuatro puntos cardinales; 4°, siete *abdāl* o sustitutos, que la ejercen en cada uno de los siete climas geográficos; 5°, doce *naŷīb* o prefectos, para los doce signos del zodíaco; 6°, ocho *naŷīb* o nobles, para las ocho esferas celestes, etc. — Un estudio más pormenorizado de esta jerarquía sufí puede verse en Blochet, *Études sur l'esoterisme musulman.*

148 [NE. Este saludo es en el texto original *al-salāmu 'alay-ka wa-raḥmatu Llāhi wa-barakātu-hu.]*

intuición, del cual leyó algunas frases[149]. Luego me dijo: «Explícame y ponme en claro lo que el autor quiso decir.» En aquel instante fueronme reveladas por Dios las dotes extáticas de aquel hombre, quién era y cuál el grado que ocupaba en la jerarquía mística, es decir, que era una de las cuatro columnas, y que su hijo había de heredar su grado jerárquico. Díjele, pues: «Te conozco: [135] tú eres Fulano.» Inmediatamente cerró su libro, y poniéndose de pie, exclamó: «¡El secreto, el secreto! Yo te amo y quería darme a conocer a ti. ¡Ya está, pues, realizado mi propósito!» Y dicho esto, se marchó. De modo que no conversé jamás con él sino entonces, quiero decir, a solas, sin que un tercero estuviese presente[150].

Era tartamudo y no hablaba sino con gran dificultad; pero cuando recitaba el Alcorán, hacíalo con la más hermosa voz y la más bella modulación.

Fue hombre muy mortificado. Trabajaba a jornal en el oficio de tamizar alheña en polvo. Por eso, pocas veces lo verías que no llevase los ojos untados de antimonio para preservarlos del polvo de la alheña que cubría su rostro y sus cabellos en desorden[151].

[137] 18. Muḥammad b. Ašraf el de Ronda[152].

Era uno de los *abdāl* [o santos intercesores][153], que anduvo siempre vagando por los montes y lugares desiertos, apartado del mundo

---

149 Sobre el libro y su autor, cfr. Massignon, *Essai*, pp. 211-225, y Brockelmann, *Geschichte*, 1, p. 198.

150 De este pasaje se infiere que debemos rectificar los datos de nuestra *Autob. cronol.* (párrafos 4 y 10) relativos a las fechas de la iniciación sufí de Ibn ʿArabī y de su primer viaje a Marruecos. Si Ibn ʿArabī nació el 560 y este sufí, Abū Ŷaʿdūn, murió el 577, resulta que Ibn ʿArabī se inició en el sufismo en fecha bastante anterior a sus diecisiete años de edad, pues antes del 577, en que conoció a Abū Ŷaʿdūn en Fez, ya su fama de místico había pasado el Estrecho.

151 Cfr. *Futūḥāt*, II, 8: «Las columnas *(awtād)* son cuatro en todo tiempo, ni más ni menos. Yo vi a un individuo de estos cuatro en la ciudad de Fez, llamado Ibn Ŷaʿdūn *[sic]*, que vivía de tamizar la alheña por un jornal.»

152 *Esc.*, f. 34 v; *Mor.*, f. 44 r. Cfr. *Autob. cronol.*, párrafo 9; donde por error se le llama en *Futūḥāt* «Muḥāḏ b. Ašras» en vez de «Muḥammad b. Ašraf».

153 Cfr. *supra*, p. 136, nota 2.

y sin acogerse jamás a lugar alguno habitado, durante cerca de treinta años. Estaba dotado de sobrenatural penetración para conocer los misterios del mundo invisible. Era hombre de muchas lágrimas, de largas vigilias, de perpetuo silencio. Con frecuencia se le veía escribir con el dedo sobre el suelo, la cabeza baja y en actitud meditabunda. De pronto, levantaba la cabeza y exhalaba un profundo suspiro. Su pecho hervía y su corazón latía con emoción vehemente. Sus ojos derramaban lágrimas en abundancia.

Yo anduve en su compañía algún tiempo y lo traté familiarmente. Así que me veía, alegrábase mucho y se congratulaba de estar conmigo.

Para consagrarse a Dios, abandonó la alta posición social y la holgada situación económica en que vivía, pues era de los más notables personajes de su pueblo.

[140] Una vez, salí de la ciudad de Medina Sidonia en dirección a la costa, para buscar hombres de espíritu con quienes aprender. Seguíame en esta excursión un joven imberbe que quería ser mi discípulo y a quien por eso tomé de compañero. Aparecieron de pronto ante mí dos individuos: uno de ellos, moreno de tez y de elevada estatura, se llamaba 'Abd al-Sallām, el girovago[154], porque andaba siempre peregrinando por las sierras, sin detenerse jamás de asiento en ningún lugar fijo; el otro, que con él iba, se llamaba Muḥammad b. al-Ḥaŷŷ, de los Banū Ḥawād. Ambos marchaban por el camino con paso rápido; pero pronto los alcancé, aunque me llevaban cinco millas de delantera. Pasé, pues, junto a ellos con toda prisa, porque era viernes y quería llegar a un pueblo llamado Rota, para hacer en él la oración ritual de aquel día festivo. Entré, pues, en la mezquita principal e hice dos reverencias litúrgicas. Aquella mezquita es un santuario muy devoto, al cual concurren las gentes piadosas que aspiran a la santidad. Es además hermoso convento o rápita, que tiene fama de ser lugar de bendición. En él me había

154 [NE. La traducción que hace Asín Palacios puede inducir a error, puesto que no se trata de un sufí giróvago en el sentido de que gira en el rito del *samā'* o audición espiritual, como los *semazen* pertenecientes a la orden mevleví. Asín usa el término, heredado del cristianismo primitivo, en el sentido de aquel «que errante da vueltas». Esa forma de vida espiritual fue prohibida por los concilios de Calcedonia y Nicea II. Una traducción alternativa de *al-sā'iḥ* sería «el viajero»].

ocurrido a mí un memorable suceso[155]. No había pasado mucho rato, cuando llegó también allí este místico, Abū 'Abd Allāh b. [141] Ašraf. Así que penetró en la mezquita, levantáronse y se dirigieron hacia él aquel asceta giróvago y su compañero. Saludáronle y diéronsele a conocer. Yo, entre tanto, estaba recostado en la mezquita, dándome golpes de pecho y cantando un verso. Entonces Ibn Ašraf vino a mí, y haciéndome levantar, me dijo: «—¿Quieres guardar el incógnito?» Yo le respondí: «—¡Para eso, tú eres el que debes procurarlo!» sucedió como se lo dije. Efectivamente, cuando al poco rato vino a mí el jefe del pueblo a invitarme a que desayunase en su casa y a que llevase conmigo a quienes yo quisiera, díjome Ibn Ašraf: «No comas nada de ese convite, pero lleva a él a todos estos pobres mendicantes, y así que hayan comido, ven tú y desayunarás conmigo.» Hícelo así, y durante el desayuno me refirió muchas cosas y me prometió que lo volvería a encontrar en Sevilla. Permanecí después allí con él durante tres días, y luego me marché, no sin que me predijese, letra por letra, todo cuanto me había de suceder después que nos separásemos. Y se cumplió, en efecto, su predicción, pues cuando llegué a Sevilla, Dios me inspiró la idea de ponerme en viaje para ir a verte y aprovecharme de tus enseñanzas[156]. Era aquel día un martes. Pedí permiso a mi madre para emprender el viaje y me lo concedió; pero, [142] al día siguiente, he aquí que un hombre llama a la puerta; salgo y me encuentro que es un campesino que me dice: «¿Eres tú Muḥammad b. 'Arabī?»

Yo le respondí: «Efectivamente.» Él entonces me dijo: «Iba yo ayer andando a doce parasangas de Sevilla, entre Purchena[157] y Marchena, cuando me encontré a un hombre, de aspecto respetable, que me preguntó: «¿Tú vas a Sevilla?» «Efectivamente», le respondí. «Pregunta, pues (añadió), por la casa de Ibn 'Arabī, y después que te reúnas con él, dile así: «Tu amigo el Rondeño te saluda y te dice que estaba ya en camino para venir a verte; pero como a esta hora te ha

155 Quizá aluda a la tercera aparición de Jaḍir (cfr. *Autob. cronológica*, párrafo 16), aunque dicha aparición le ocurrió en otro pueblo próximo, llamado Beca.

156 Es decir, la idea de ir a visitar en Túnez a su amigo Abū Muḥammad 'Abd al-'Azīz, a quien esta epístola va dirigida.

157 [NE. El texto no se refiere a Purchena, provincia de Almería, sino a la Alquería de Purchena, la actual Chucea en la provincia de Huelva].

venido a las mientes la idea de ponerte en viaje para Túnez, márchate en hora buena, y que Dios te dé salud. Ya nos reuniremos, si Dios quiere, cuando regreses a Sevilla.» Y, efectivamente, sucedió tal y como dijo, pues al siguiente día emprendí mi viaje a Túnez para visitarte y estuve ausente de mi ciudad algún tiempo; pero, el día mismo de mi regreso o el siguiente, vino el Rondeño a verme y pasamos la noche juntos en casa de Abū 'Abd Allāh el de Cazalla.

La causa ocasional que originó su renombre de santo fue que con mucha frecuencia se iba a hacer vida eremítica en un monte altísimo en las cercanías de Morón. Una noche, acertó a pasar por aquel monte un hombre, que iba a sus quehaceres, y vió una columna [143] de luz que erecta brillaba a lo lejos con tal intensidad, que no le era posible fijar en ella su mirada. Dirigióse hacia ella y se encontró con que aquella lumbre era nuestro maestro 'Abd Allāh, que estaba de pie en oración. Aquel hombre divulgó el hecho. Se ganaba la vida recogiendo camamila por los montes y llevándola luego a vender a la ciudad. Hecho esto, se volvía a la montaña. Hizo maravillas y portentos, que yo vi con mis propios ojos. Una vez, se lo encontraron sentado junto a una fuente unos salteadores de caminos, y le dijeron: «¡Quítate toda la ropa que llevas, o mueres!» llorando, les contestó: «¡Por Dios juro que yo no he de ayudar a cometer un pecado! Eso que me ordenáis, hacedlo vosotros mismos.» Pero, después de ir esto, se apoderó de su alma el celo por la gloria de Dios, y lanzando sobre los ladrones una de aquellas miradas suyas que tanto renombre le dieron, los hizo huir.

Un día, estando en la playa, me interrogó acerca del sentido de aquellas palabras de Dios (Alcorán, LI, 57): «Yo no pido a los hombres que me sustenten», y no respondí a su pregunta. Pasado bastante tiempo, cuatro años después, volví a reunirme con él y le dije: «¡Oh, Abū 'Abd Allāh!...» «Di lo que gustes», me contestó. «La respuesta a tu [144] pregunta», añadí «¡Venga!, replicó. ¡Después de cuatro años, ya es hora!» Entonces se la di y me quedé maravillado de cómo la tenía aún presente en su memoria.

Yo estaba siempre con el deseo de que mi discípulo y amigo 'Abd Allāh Badr el Abisinio lo conociese personalmente, y cuando entré con él en al-Ándalus, nos detuvimos en Ronda. Asistiendo allí a unas exequias, he aquí que veo a Abū 'Abd Allāh que estaba delante de mí. Díjele entonces a mi amigo 'Abd Allāh [el Abisinio]: «Ese es Fulano.» Después de que él y nosotros nos dimos el parabién por nuestro encuentro, entramos en la casa en que yo me hospedaba, y mi amigo 'Abd Allāh me dijo: «Quisiera ver alguno de sus portentosos carismas.» Llegada la hora de la puesta del sol, hicimos la oración ritual, y como el dueño de la casa en que parábamos tardaba en encender la lámpara, dijo mi amigo 'Abd Allāh el Abisinio: «Yo desearía ya tener la lámpara encendida.» Abū 'Abd Allāh le dijo: «Perfectamente.» Y tomando en una mano un puñado de hierba seca, de la habitación en que estábamos, dióle un golpe con su dedo índice y exclamó, mientras mirábamos qué era lo que iba a hacer: «—¡Aquí está el fuego!» Y, en efecto, la hierba se inflamó y con su llama encendimos la lámpara.

Para cualquier necesidad, sacaba del horno las [145] brasas con su mano y las tenía todo el tiempo que Dios quería, sin que le quemasen.

Era de los místicos iletrado[158]. Yo le pregunté un día cuál fuese la causa de sus lloros, y me contestó: «Juré que no lanzaría jamás imprecación alguna contra nadie; pero un hombre me irritó una vez y lancé contra él una imprecación y murió. Desde entonces hasta ahora, no he cesado de arrepentirme de aquello.» Era todo misericordia para con sus prójimos. Los hechos que de él se narran son muchos más; pero me falta tiempo para explicarlos todos.

19. Abū 'Imrān Mūsà al-Baydarānī[159].

Era de los hombres libres de la ciudad de Tremecén. Era uno de los *abdāl* o santos intercesores[160]; pero vivía, no obstante, ignorado de todos. Su vida estuvo llena de prodigios y maravillas.

---

158 [NE. Este término, *al-ummiyyūn*, sg. *ummī*, es muy interesante desde un punto de vista de la intencionalidad de Ibn 'Arabī. Aunque puede significar «iletrado» —como lo usa Asín—, en el islam, como calificativo referido al profeta Muhammad significa el «iletrismo espiritual». El *ummī* es aquel que no sabe leer ni escribir, sin conocimiento a priori, de modo que está en un estado similar al de un niño que aún no se ha separado de su madre, es decir, todavía no tiene ego (*nafs*), y permanece abierto a la revelación y a la trascedencia de Allāh. Así, se entiende que Ibn 'Arabī lo use como un elogio y no como un demérito].

159 *Esc.*, f. 35 v; *Mor.*, f. 45 v. Cfr. *Autob. cronol.*, párrafo 4.

160 Cfr. *supra*, p. 136, nota 2.

La ocasión en que trabé conocimiento con él fue la siguiente: estaba yo sentado en mi casa, en Sevilla, después de la oración de la puesta del sol, en vida aún del maestro de espíritu Abū Madyan, y me vino de pronto el deseo de reunirme con él. A la sazón, el maestro Abū Madyan residía en Bujía, a una distancia [146] de cuarenta y cinco días de camino desde Sevilla. Acabé, pues, de hacer la oración ritual de la puesta del sol, añadiendo dos breves reverencias supererogatorias, y apenas había recitado la salutación final, cuando penetró de improviso en mi habitación este Abū 'Imrān al-Baydarānī. Me saludó; hícele tomar asiento a mi lado, y le pregunté: «¿De dónde vienes?» «De casa del maestro Abū Madyan, de Bujía», me contestó. «¿Cuándo lo visitaste?», repliqué. «Ahora mismo, a la puesta del sol, he hecho con él la oración ritual», me respondió. «Por cierto — continuó — que al acabar la oración volvió su rostro hacia mí y me dijo: «¿Qué es lo que piensa ahora de mí Muḥammad b. al-'Arabī en Sevilla? Le ha venido a las mientes tal y cual. Vete a él ahora mismo y dile de mi parte esto y lo otro.» Y después de referirme el deseo que yo había concebido de ir a reunirme con el maestro, añadió al-Baydarānī: «El maestro Abū Madyan me encargó que te dijera: «La reunión en espíritu ya está realizada entre nosotros dos. Ahora, la reunión en cuanto a los cuerpos, Dios nos la rehúsa en la morada de acá abajo. Tranquilízate, pues: quedamos citados, como lugar de reunión, en la presencia de Dios, en la mansión estable de su misericordia»[161]. Después, Mūsà al-Baydarānī [147] añadió algunas otras frases más y regresó, para reunirse con Abū Madyan.

Este Mūsà al-Baydarānī había sido hombre de holgada posición económica; pero se desprendió de sus riquezas, y Dios, a los dieciocho días después de su conversión, se le reveló, y muy pronto vino a formar parte de la categoría esotérica de los *abdāl* o santos intercesores, y se presentaba de improviso en cualquier lugar de la tierra que bien le placía.

Fue acusado ante el sultán, el cual ordenó que lo prendieran y lo encadenaran. Cargado de cadenas fue llevado a su presencia; pero

161 De este pasaje resulta que Ibn 'Arabī no conoció personalmente a Abū Madyan. Cfr. *supra*, p. 22, nota 1.

cuando ya estaba cerca de Fez, lo metieron en una habitación de una de las posadas del camino, que cerraron con llave, poniendo además guardias durante la noche para vigilarlo.

Al día siguiente, así que amaneció, abrieron la puerta y se encontraron las cadenas, que llevaba encima, tiradas por el suelo, pero a él no lo encontraron. Entre tanto, él penetró en Fez y se dirigió a la casa del maestro Abū Madyan Šu'ayb. Llamó a la puerta y el maestro en persona salió y le preguntó: «¿Quién eres tú?» «Yo soy Mūsā», respondió. «Pues yo soy Šu'ayb (replicó el maestro). Entra y no temas, pues ya estás libre de esos tiranos.»

Mi maestro de espíritu Abū Yaq'ūb al-Kūmī[162] [148] me contó de Mūsà al-Baydarānī que había llegado al monte *Qāf*, que circunda la tierra toda, y que al pie de este monte hizo la oración de media mañana y sobre su cima la de media tarde. Preguntóle cuánta fuese la altura de aquel monte y dijo que trescientos años de camino. Refirió seguidamente que Dios ha circundado ese monte con una serpiente, cuyo tamaño es mayor que el de cualquier otra de sus criaturas, y que su cabeza, después de rodear al monte, se junta con su cola. Al-Baydarānī, que acompañaba a al-Kūmī, díjole a éste: «Saluda a esa serpiente y te responderá.» «Yo (dijo al-Baydarānī) la saludé y ella me respondió: «¡Salud, oh Abū 'Imrān! ¿Cómo está el maestro Abū Madyan?» «Y ¿de dónde te viene a ti, le repliqué, el conocimiento de Abū Madyan?» Ella me respondió: «¡Maravilla sería que no lo conociese! ¿Acaso hay alguien sobre la haz de la tierra que ignore quién es Abū Madyan, y que Dios ha infundido en los corazones de todos los seres el amor hacia él? Yo, como todos los demás seres, lo conozco. No hay criatura alguna, húmeda o seca, que deje de conocerlo y de amarlo.»

Penetró asimismo Mūsà al-Baydarānī en una tierra [149] en la cual vió unas hormigas tamañas como cabras y de maravilloso aspecto. En esas tierras encontró también, en medio del mar, a una

162 Cfr. *supra*, biografía n° 2. — La fabulosa anécdota siguiente se repite en *Futūḥāt*, II, 902, con alguna mayor extensión. El mítico monte *Qāf* y la serpiente que lo circunda son tópicos en la cosmología y la escatología popular del islam. Cfr. *Badā'i' al-ẓuhūr*, pp. 25-26.

vieja del Jorasán que, erguida sobre las aguas y mientras las olas azotaban sus piernas, alababa y glorificaba a Dios[163].

En fin, la vida espiritual de este maestro fue portentosa y el relato de sus hechos sería muy largo.

20. Abū Muḥammad al-Qabā'ilī[164]

Residió en Córdoba hasta su muerte, por licencia expresa del Profeta de Alá. Yo llevé a mi padre a que lo viera, para que lo encomendase a Dios en sus oraciones, y él nos retuvo en su casa desde la madrugada hasta la hora de la oración de media tarde, que hicimos en su compañía, después de comer de su comida.

Cuando entrabas a su habitación, antes ya de que lo vieses, te sobrecogía la emoción extática. Y así que le echabas la vista encima, veías que era un personaje [150] de imponente aspecto, cubierto con su hábito de lana y meditando constantemente. Cada día variaba las jaculatorias que le servían para su oración mental en las diferentes horas en que distribuía el tiempo. Así, por ejemplo, unos días recitaba mil veces la jaculatoria «¡Gloria a Dios!» Otros días, «¡Cuán grande es Dios!» Otros, «¡Loado sea Dios!» Otros, «¡No hay más que un solo Dios!» En sus plegarias rogaba por todas las criaturas del cielo y de la tierra, incluso por los peces del mar. Era muy fácil a las lágrimas.

Quiso una vez abrir un pozo en su casa, y le trajeron, para que lo abriese, un renegado que estaba cautivo. Mientras hacía éste la obra, dijo Abū Muḥammad: «Ya que este renegado nos sirve con su trabajo, pediremos a Dios que lo convierta al islam.»

Y se pasó toda aquella noche en la soledad rogando a Dios por su conversión. Al amanecer, volvió el renegado a su trabajo, convertido ya al islam, y al preguntarle por qué se había convertido,

163 No conozco, entre las leyendas de viajes marítimos, ninguna que aluda a esta vieja del Jorasán. [NE. Ibn 'Arabī se refiere a las *Myrmêkes Indikoi* (hormigas indias) que narra en Heródoto su *Historia* (3. 102. 1 ff.) y la vieja parece hacer alusión a algún tipo de asceta índica con capacidad de estar por encima de las aguas].

164 *Esc.*, f. 36 v; *Mor.*, 46 r. Cfr. *infra*, donde se le nombra también *Majlūf.*

dijo: «He visto en el sueño al Profeta y me ha ordenado que creyese en él, y he creído; y luego me ha dicho: «La intercesión de Abū Muḥammad Majlūf ha pasado por ti» (o una frase que significaba esto mismo).»

Un día lo dejé en su casa perfectamente sano y me fuí a mi casa. Cuando llegó la noche, me acosté en mi cama a dormir y vi en el sueño como si yo me [151] hallase en una tierra extensa, y distinguí una nube cercana, de la cual salían relinchos de caballos y un ruido de hierros que se entrechocan, como de frenos y bridas. Vi luego que se acercaban varias personas, unas a caballo y otras a pie, las cuales iban acampando en aquella llanura hasta llenarla por completo. Jamás había yo visto rostros más bellos, ni túnicas más blancas, ni caballos más hermosos, que los de aquellas personas. Entre ellas distinguí a un personaje de elevada estatura y larga barba blanca, rostro ancho y de mejillas pronunciadas, que apoyaba una de sus manos en su mejilla. A este personaje, que estaba en medio del grupo, me dirigí y le pregunté: «Dime, ¿qué es esta muchedumbre tan numerosa?» El me respondió:

«Estos son todos los profetas, desde Adán hasta Muhammad. Ni uno solo ha dejado de bajar.» «Y tú, ¿quién eres, de los profetas?», le interrogué. «Yo soy, me dijo, Hūd, el profeta enviado por Dios al pueblo de ʻĀd»[165]. Yo seguí preguntándole: «¿Y a qué habéis venido?» «Hemos venido, me respondió, a visitar a Abū Muḥammad en su enfermedad.» Luego me desperté, pregunté por Abū Muḥammad Majlūf y me encontré con que aquella misma noche había caído enfermo. Unos pocos días después murió.

[152] 21. Ṣāliḥ al-Jarrāz o el «Santo zapatero»[166].

Vivía en Sevilla y era de los ascetas abstinentes y fervorosos en el servicio de Dios y en el combate ascético[167]. Se consagró a la vida

165 *Cfr.* Alcorán, VII, 63 y ss.; XI, 52; XXVI, 139.

166 *Esc.*, f. 36 v; *Mor.*, f. 46 v.

167 [NE. el término que presenta el texto es *al-iŷtihād*, que no es un «combate ascético» —aunque proviene de la misma raíz que *ŷihād*—, sino un «esfuerzo

devota a la edad de siete años o antes. De niño, estaba siempre atónito y como en éxtasis, sin jugar jamás con los otros muchachos ni dirigirles siquiera la palabra, a pesar de su corta edad. Hasta que murió, se ganó la vida trabajando de zapatero, y esto, porque tenía el escrúpulo de faltar a las leyes de la abstinencia ascética, si no se ganaba la vida con el trabajo de sus manos.

Tenía una madre a la que trataba con verdadera piedad filial. Copió con su propia mano el libro extenso de Ibn al-'Assāl[168]. Recluido constantemente en su casa, vivía aislado de las gentes y guardaba un silencio tan absoluto, que sus mismos compañeros de vida devota decían de él: «Jamás nos dirige la palabra, a no ser cuando se trata de una necesidad imprescindible.» Yo lo traté con asidua familiaridad. Me quería mucho, como yo a él. Cuando decía una cosa, jamás se retractaba, por la sencilla razón de que nunca decía más que la verdad.

Jamás aceptaba encargo ni trabajo alguno de su oficio, para los clientes que el conociera que lo miraban con veneración. La mayor parte de su trabajo la reservaba para los forasteros que venían a la ciudad y que, por eso, ni lo conocían ni eran conocidos de él. En cierta ocasión, uno de nuestros compañeros de vida devota fue a llevarle, para que se lo compusiera, un zapato que de propósito había roto con tal objeto, es decir, para encontrar así un pretexto de trabar conversación con él. Saludóle, y el santo correspondió a su saludo. Luego le dijo: «Cóseme este zapato.» El santo le contestó: «Este otro que tengo en la mano, he de arreglarlo antes. Su dueño tiene derecho a que se lo arregle antes, porque me ha pagado ya por adelantado la compostura.» Yo [dice Ibn 'Arabī entre paréntesis] estaba parado allí cerca, en sitio desde el cual no me veía el zapatero. Mi amigo le replicó: «Guárdamelo, pues, aquí, hasta que acabes de arreglar ese otro zapato, y luego me lo compondrás.» El

---

mental» para poder inferir sentidos o interpretar la doctrina jurídica y espiritual islámica.]

168 Se refiere, probablemente, a alguno de los libros de ascética o exégesis alcoránica del toledano 'Abd Allāh b. Faraŷ b. Gazlūn b. al-'Assāl, que floreció en Granada en el siglo XI de nuestra era, consagrado a la vida devota, a la predicación homilética y a la enseñanza. No podemos, sin embargo, precisar el título del libro, porque sus biógrafos los callan todos. Cfr. BAH, I, II, biografía n° 624; *Iḥāṭa* (manuscrito Acad. Hist. n° 34), I, f. 109 v.

zapatero le contestó: «¡Y si me muero antes, como puede ocurrir, te lo encontrarías en mi casa sin la compostura que debería haberte hecho!» El otro insistió: «Yo no quiero que [154] me lo arregle nadie más que tu» el zapatero replicó: «¡Ya has oído lo que te he dicho!» Y seguidamente se puso a rezar. El otro insistió de nuevo diciendo: «Aquí donde me ves me estaré sentado con mi zapato en mi mano, hasta que acabes y me lo compongas.» El zapatero se limitó a contestarle: «¡Eso, allá tú, si bien te place! Pero no sin que antes te diga lo que te va a costar la compostura.» «Dilo», replicó el otro. «Un octavo de *dírham*.» «Un cuarto es lo que te pagaré.» «No es eso lo que vale.» «Es que yo quiero regalarte ese sobreprecio.» «Si tú me lo quieres regalar por el amor de Dios, otros hay más necesitados que yo, pues por hoy ya he ganado lo suficiente para pasar el día.» «No hay remedio: tienes que tomarlo», volvió a insistir aún el otro. «¡Ya me has importunado bastante, hombre! ¡Anda, vete de aquí, que no te he de hacer ya obra alguna que me encargues!» Y dicho esto se puso a trabajar y a rezar a la vez. Volvió adonde yo le esperaba aquel hombre, con el corazón lleno de tristeza por su fracaso, y le dije: «Has estado con él muy pesado». Vuelve ahora, por segunda vez, y dile: «Cóseme el zapato y que Dios te lo premie, pues no he de pagarte por tu trabajo absolutamente nada.» Volvió y le dijo eso. El zapatero se lo quedó mirando un rato, y luego le dijo: «Tú vienes enviado por alguien.» [155] Volvióse entonces hacia donde yo estaba y me vió. Luego le dijo: «Deja tu zapato y vete. Al caer de la tarde, vuelve, y si me encuentras vivo, te lo entregaré arreglado; pero si me encuentras muerto, que se encargue de tu asunto, si te parece, ese vecino», y me señaló con el dedo. Yo entonces me acerqué a él, y me dijo: «¿Es así como se trata a los amigos?

¿Correspondiendo a su amistad fraternal con molestias? ¡Que no vuelvas a hacerme cosa semejante! Pues si no fuera por el afecto que Dios quiere que yo te profese, de seguro que no te volvería ya a ver jamás. Y ¡que me guardes en adelante el secreto!»

Desde entonces, en efecto, a nadie dije ya nada de sus dones místicos. Él se trasladó de Sevilla a los alrededores de Ronda, para vivir en el campo, en medio de la soledad y aislado de las gentes.

22. 'Abd Allāh el sastre o el alpargatero[169].

No sé [cuál de estos dos sobrenombres tenía]. Trabé relación con él en la mezquita aljama de al-'Udays [en Sevilla] cuando él tenía diez u once años de edad. Era un miserable mendigo de quien nadie hacía caso. La palidez extremada de su tez denunciaba su miseria. Era muy dado a la meditación, muy sensible a las emociones extáticas y dominado siempre por intensa tristeza.

Cuando Dios se me reveló por vez primera en este camino de la perfección mística[170] y ninguno de los que profesan la vida devota me conocía aún, quise compararme con él, y lo miré fijamente. Él se sonrió, y me miró también. Le señalé con el dedo, y él me señaló a mí. ¡Por Allāh juro que mi alma no me pareció entonces, al verme delante de él, sino como una moneda de plata falsa! Él me dijo: «¡Fervor, fervor! ¡Bienaventurado el que conoce el fin para qué ha sido creado!» Hizo en mi compañía la oración: ritual de media tarde, tomó sus zapatos, saludó y se marchó. Yo me fuí detrás de el para seguirle y averiguar dónde vivía, pero no di con sus huellas. Pregunté luego por él, y no encontré a nadie que me diese noticias suyas. Sin su compañía, no encontraba ya tranquilidad de espíritu; pero, a pesar de todo, nunca ya lo volví a ver, ni siquiera conseguí hasta la fecha oír hablar de él.

De los siervos de Dios [como se ve], los hay que son niños y los hay que son ancianos.

[156] 23. Abū l-'Abbās Aḥmad b. Hammān[171]

Era de Sevilla. Dios le inspiró directamente para su propia dirección espiritual, y así, antes de llegar a la edad de la pubertad, ya andaba muy avanzado en el camino de la vida devota. Era muy fer-

169 *Esc.*, f. 37 v; *Mor.*, f. 47 v. El nombre árabe es 'Abd Allāh *al-Jayyāṭ* o bien *al-Qarrāf.*

170 [NE. En torno a 580 /1184 Cfr. Addas, p. 34.]

171 *Esc.*, f. 37 r; *Mor.*, f. 47 v. Cfr. *Futūḥāt,* II, 43, donde se resume esta biografía y se llama al biografiado con el apodo de al-Šaqqāq, o sea «el Leñador».

voroso. Continuamente estaba gimiendo por la salud de su alma, como la madre que ha perdido a su hijo unico.

Tenía madre, y ésta fue un obstáculo que se le interpuso en el camino de Dios. Cuando estas dificultades, que su madre le ponía, se agravaron, Díjome un día: «¡El negocio [de mi vocación] se me pone grave! Mi madre me ha echado de casa diciéndome: «¡Vete adonde quieras!» Lo que yo voy a hacer es irme a las fronteras del islam, al frente del enemigo, y en una cualquiera de sus rápitas me consagrare a la guerra santa hasta morir.» Marchóse, en efecto, a una de las fronteras, a un lugar que se llama Jerumenha[172], donde fijó su residencia, hasta que, algo después, regresó a Sevilla, tomó las cosas que le eran necesarias para su nuevo [158] género de vida, y se volvió a la frontera para consagrarse a la vida de monje guerrero[173]. Estaba siempre metido en casa de Abū 'Abd Allāh al-Jayyāṭ, que antes hemos mencionado[174].

24. Abū Aḥmad el de Salé[175].

Llegó a Sevilla cuando yo estaba bajo la dirección espiritual del maestro Abū Yā'qub[176]. Era este Abū Aḥmad hombre de intensa vida extática. Había acompañado como discípulo al maestro Abū

172 *Ŷullumāniya*, castillo en el reino árabe de Badajoz, es hoy *Jerumenha* (en Portugal), frente a la plaza fuerte de Olivenza, a orillas del Guadiana.

173 Los ribāṭ o rápitas eran unos edificios, mezcla de cuartel y convento, erigidos en puntos estratégicos para la defensa de las fronteras. En ellos se alojaban, además de la guarnición propiamente dicha, muchos devotos que, llevados de su celo religioso, hacían voluntariamente el duro servicio militar, con el fin de ganar los méritos que van anejos a la guerra santa, a la vez que, durante el tiempo libre, se entregaban a los ejercicios de la vida devota. Cfr. De Slane, *Journal Asiatique* (1842, I, 168), apud Dozy, *Supplement*, 1, 502 a. — No es difícil ver en estos *ribāṭ* y en su género de vida el modelo de las órdenes militares. Cfr. J. Oliver Asín, *Origen árabe de «rebato», «arrobda» y sus homónimos.* Madrid, 1928.

174 Se refiere, como es claro, a la época anterior a su marcha a *Ŷullumāniya.* — El al-Jayyāṭ de que aquí se trata es el biografiado bajo el n° 9.

175 *Esc.* f. 37; *Mor.*, f. 47 v.

176 Cfr. *supra*, biografía n° 2.

Madyan durante dieciocho años. Era muy fervoroso, muy devoto y muy propenso a las lágrimas.

Con él habité un mes entero en la mezquita de [159] Ibn Ŷarād. Una noche me levanté para hacer la oración, y, después de la previa ablución ritual, me dirigí, para ello, desde el patio en que dormía yo, a la parte cubierta de la mezquita, y he aquí que lo vi dormido, junto al umbral de la puerta que conducía al interior, y que unas luces desde su cuerpo llegaban hasta lo alto del cielo, sin solución de continuidad; quedéme allí plantado mirándolas, sin saber si aquellas luces descendían desde el cielo hasta él o si, por el contra-rio, emanaban de su cuerpo hasta llegar al cielo; allí continué de pie, atónito ante tal maravilla, hasta que se despertó, hizo su ablución ritual y se puso a orar.

Cuando lloraba, recogía yo las lágrimas que caían de sus ojos al suelo, y ungíame con ellas mi rostro, y en ellas notaba un aroma de almizcle. Empleábalas yo como perfume, y las gentes, al sentir su olor, decíanme: «Ese almizcle que usas es muy bueno! ¿De dónde lo has comprado?»

25. Abū Isḥāq Ibrāhīm b. Aḥmad b. Ṭarīf de Algeciras[177].

Fue maestro de espíritu de Abū 'Abd Allāh al-Qurašī, el que vivía en las tierras de Egipto. Era hombre de carácter afable y de trato cariñoso; pero decía [160] siempre la verdad, sin que por ello le hiciesen mella las censuras de los demás, si les reprendía por Dios. Era muy fervoroso y mortificado. Tuvo siempre grandes deseos de marcharse a vivir en la soledad, pero le fue imposible realizar su anhelo, porque se lo impedía su profesión, pues se dedicaba a vender loza. Copió muchos libros de ascética y mística. En su vida espiritual predominaban las prácticas ascéticas, aunque también mostró grande afición a las intuiciones místicas que anhelaba adquirir.

La causa ocasional de su muerte fue la siguiente. Pasó por junto a él, un día, su hijo, y le preguntó: «Señor mío, ¿ha pasado por aquí

177 *Esc.*, f. 37 v; *Mor.*, f. 48 r.

Fulano?» El hombre por quien su hijo le preguntaba era uno del mismo pueblo, al cual Dios había probado con una enfermedad en el cuello, que en nuestro país llamamos *nagnama* [paperas], y a quien el padre no conocía bien. Insistió el hijo repetidas veces en su pregunta, y al cabo, el padre le respondió, diciendo: «Me parece que me preguntas —aunque quizá me equivoque —por ese hombre de las paperas en el cuello.» «Por ese mismo te preguntaba», asintió el hijo. Aquella noche, cuando el maestro se durmió, oyó en sueños que Dios le decía: «¡Oh, Ibrāhīm! ¿Es que no conoces a nuestros siervos, sino por el nombre de las adversidades con que los probamos? ¿Es que no tenía ese individuo su nombre propio con que lo llamases? [161] ¡Yo te aseguro que de esa misma enfermedad te he de hacer morir!» Y al día siguiente, amaneció con unas paperas que le habían salido en el cuello; y después de soportar unos días esta enfermedad, murió.

Dos veces fuí a visitarle en su pueblo. Él me quería mucho. También me reuní con él en Ceuta y en su pueblo, acompañado de mi discípulo 'Abd Allāh Badr el Abisinio, que sacó gran provecho de sus ejemplos.

26. 'Abd Allāh el calafate de Málaga[178].

'Abd Allāh b. Ibrāhīm al-Fajjār[179], de Málaga, conocido por el sobrenombre de *al-Qalafāṭ*, fue discípulo de Abū l-Rabī' el ciego y de otros maestros de espíritu[180]. Era amigo íntimo de Ibrāhīm b. Ṭarīf[181]. El método de vida espiritual que profesó fue el de los paladines o caballeros[182], y ¡por vida mía! que lo practicó [162] brillantemente

178 *Esc.*, f. 37 v; *Mor.*, f. 48 v.

179 Es decir, «el Ollero»; el manuscrito Mor. dice «al-Nahhār», significa «el Hospitalario».

180 Cfr. *supra*, p. 113, nota 2.

181 Cfr. *supra*, biografía n° 25.

182 La caballerosidad (*futuwwa*) tuvo dos sentidos en el islam: 1º la bravura generosa de los campeones o paladines guerreros, anteislámicos y posteriores, que ponían su fuerza al servicio de Dios; 2º la caridad heroica de los santos, que se olvida de todo egoísmo para sacrificarse por el prójimo,

y poniendo bien de relieve sus características virtudes: jamás, en efecto, lo verías dar un paso, si no era en favor del prójimo; jamás se cuidaba de sí mismo ni de su propio derecho; acudía constantemente al gobernador y a los jueces de la ciudad en demanda de los negocios que interesaban a sus prójimos; su casa estaba siempre abierta a los pobres. [163] Era erudito en materias jurídicas y literarias. Era mucho más tierno de corazón que su amigo Ibrāhīm b. Ṭarīf; tanto, que, a su lado, era Ibn Ṭarīf duro como una piedra. Me reuní con él varias veces, y él era muy inclinado a estar conmigo. Una vez, en la ciudad de Ceuta, donde estaba él en compañía de Ibn Ṭarīf, me ocurrió lo siguiente: El sultán[183] Abū l-'Ulā' (¡ayúdelo

especialmente por el débil. Prescindiendo aquí de las relaciones que hayan podido existir entre la caballería islámica y la cristiana (problema discutido hace años por W. Boutros Ghali en su libro *La tradition chevaleresque des arabes,* París, Plon, 1919), Ibn 'Arabī alude aquí al sentido segundo de la palabra. En este sentido, la *futuwwa* es un método o género de vida espiritual, cuyos caracteres el mismo Ibn 'Arabī describe minuciosamente en *Futūḥāt,* 1, 314-318, y II, 306-309. Son los siguientes, que, como se verá, tienen mucho de común con los de la caballería andante: Energía viril, así física como moral; generosidad o liberalidad; prudencia o sabiduría práctica para conocer en cada caso el derecho del prójimo e imponerlo a todo el mundo en nombre de la justicia divina; tratar al débil e inferior con piedad, al igual con respeto, al rey con obediencia, a todos con absoluto desinterés; no hacer nada en balde ni en broma; juzgar con ecuanimidad y sin indignarse de nada, como quien sabe que todo es efecto del decreto divino; devolver bien por mal, con caridad universal que abrace a todas las criaturas, sin excluir los animales y aun los seres inanimados, pero guardando en esto la regla siguiente: proteger, ante todo, al ser más débil y más amigo de Dios; reprimir con violencia las pasiones propias, y perdonar con dulzura las ofensas del prójimo; ser, en suma, altruista como Dios que, no por su propio bien, sino por el de las criaturas, obra siempre; hacer el bien ocultamente y sin os-tentación; preferir, en todo, la gloria de Dios a su propia razón y apetito. Ibn 'Arabī cierra su análisis con esta definición del caballero generoso, o fatà: «El que derrocha su propio bienestar y su libertad misma en el trato con las criaturas, de tal modo que satisfaga plenamente a la justicia, que es Dios mismo».

183 Abū l-'Ulā' Idrīs al-Ma'mūn fue el noveno califa almohade que, como tal, reinó desde 624 (1227) a 630 (1232); pero en la época a que el suceso se refiere, o sea antes del 600, no era todavía califa o emir, sino simplemente sultán, a título de hijo de Ya'qūb al-Manṣūr, tercer emir o califa almohade, que murió envenenado el 609. — El suceso narrado aquí por Ibn 'Arabī difiere bastante de la relación que del mismo nos ha conservado en *Futūḥāt,* IV, 701, y de la cual nos servimos en nuestra *Autob. cronol.*, párrafo 15, al final. Debe, pues, ser rectificada esta última con arreglo a la más completa y, al parecer, más

Dios con su gracia!) envió a mi casa dos cubiertos o mesas surtidas para cenar, estando yo ausente. Los ascetas mendicantes, que habían acudido a la casa para verme, tomaron aquellos manjares y comieron de ellos; pero mis más íntimos discípulos se abstuvieron de probarlos. A la segunda noche, el sultán nos envió de nuevo otras dos mesas surtidas. Yo ni las acepté ni las rechacé. Varios ascetas mendicantes habían también venido a nuestra casa con el propósito de comer, porque habían oído decir que el sultán nos iba a enviar también la comida. Me puse en pie e [164] hice la oración ritual de la noche. Entonces, uno de aquellos mendicantes, que se las echaba de maestro de espíritu, exclamó: «En presencia de manjares, no debe hacerse la oración ritual.» Yo guardé silencio, y él se irritó al ver que no le contestaba. Entonces dije: «Yo no he aceptado esta comida, ni pienso probarla, porque a mi juicio es ilícita[184]. Por eso, tampoco me permitiré mandaros que la comáis, porque quiero para vosotros lo mismo que quiero para mí.» A continuación, expliqué las razones por las cuales yo la estimaba ilícita, y añadí: «La comida ahí está. El que la juzgue lícita, que la coma, y el que no, que la deje.» Y seguidamente me metí en el cuarto en que yo me aposentaba, e hice entrar conmigo a mis más íntimos discípulos. Cuando amaneció, aquel individuo se fue a denunciarme al visir, acusándome de que yo había dicho que los ministros cran unos bandidos, etc., etc. Lleno de cólera el visir, exclamó: «¡Por Allāh juro que fue el sultán mismo, en persona, quien mandó enviar esa comida!» Y sin demora alguna ordenó que el denunciante se presentase ante él, y, oída su denuncia, puso todo empeño [165] en hacerla llegar hasta el sultán; pero éste, que era hombre discreto, se limitó a decir: «Nosotros no nos propusimos, al enviarle el agasajo, más que hacer un bien; pero él, mejor que nadie, conocerá si debe o no aceptarlo. Por consiguiente, que no se le haga daño alguno ni se le ocasionen molestias.»

---

verídica que aquí nos da del suceso.

184 Según la estrecha moral de los sufíes, es ilícito aceptar cualquier regalo o limosna de mano de personas cuyos bienes no conste que son lícitamente adquiridos; de aquí que juzguen ilícitos los que proceden de las autoridades civiles, que se supone gobiernan tiránicamente, o que han usurpado el mando y lo ejercen sin legitimo título.

Quedé, pues, de esta manera, libre del peligro que me amenazaba. Pero la noticia de lo sucedido llegó a oídos de nuestro amigo *al-Qalafāṭ*, que vino en seguida a reunirse conmigo, temeroso de lo que pudiera ocurrirnos, a mí y a mis compañeros, porque él conocía perfectamente lo que era el país. Así es que, al verme, comenzó a reprocharme mi conducta, diciéndome: «¡Fulano, eso que has hecho, si sólo te afectase a ti, estaría bien; pero los perjuicios que pueden seguirse de tu conducta vendrán a recaer sobre todos los devotos, y estos pobres no van a poder soportar la persecución! Acertado estuvo el que dijo: «¡Bien poco vale el que no tiene un enemigo injusto que le contradiga, y extraviarse a él que no tiene un sabio que le dirija!» Dándome, pues, cuenta, por lo que me decía, de que se dejaba llevar de su piedad para con los demás, y de que, dominado por ella, prefería las soluciones de tolerancia que estimaba de más probable utilidad para el bienestar temporal de los débiles, le respondí: «¡Desgraciado del siervo de Dios que en el enemigo de Dios busca su, apoyo! No puede [166] de Dios guardar deferencia alguna con el sabio que con los derechos de Dios ninguna deferencia guarda. ¡El derecho divino es ante todo!» Y dicho esto, me levanté, haciendo gestos de disgusto, y me fuí. Me encontré luego con Ibn Ṭarīf, al cual ya le había llegado noticia de lo que pasaba, y me dijo: «—¡Es preferible una política hábil y mansa!» Yo le repliqué: «—¡Siempre que quede a salvo el interés capital!» A esto no me contestó.

27 y 28. ʻAbd Allāh b. Yājmist y al-Sajjān[185].

Si no temiese alargarme demasiado, mencionaría aún todos los demás ascetas y místicos que conocí, sin dejar uno; pero me limito a estos pocos para abreviar y resumir. Un libro ex profeso he dedicado a mencionarlos todos. Lo titulé *La Perla preciosa que trata de las personas de cuyas enseñanzas me aproveché en el camino de la vida futura*[186]. En él mencioné a algunos como a los que siguen:

185 *Esc.*, f. 38 v; *Mor.*, f. 49 r.

186 No existe, que sepamos, este libro, del cual es un compendio — como se ve —

'Abd Allāh b. Yājmist, a quien la gente de Sevilla consideraba como uno de los *abdāl*.

[167] Otro de los allí mencionados era uno que le decían al-Sajjān o el Lacrimoso, el cual realmente también era uno de los *abdāl*, pero luego decayó de su grado de perfección mística, quedando por ello tan triste, que a nadie dirigía la palabra. Cuando yo ente afligido.

29. Abū Yaḥyà al-Ṣinhāŷī[187].

Maestro de espíritu, contemplativo, asceta giróvago[188], que se despojó de las cosas todas de acá abajo y rompió todos los lazos que le unían al mundo, fue el santo sincero y virtuoso Abū Yaḥyà b. Abū Bakr, el de la tribu de Ṣinhāŷa, uno de aquellos místicos que, por haber ya llegado a la unión perfecta con Dios, gozan del don de la perseverancia y acostumbran a envolver sus doctrinas esotéricas bajo el velo de los símbolos. Pocos encontrarás que se le asemejen. Sobre muchos temas de mística contemplativa tuve con él conferencias, que el breve tiempo de que [168] dispongo no me permite ahora referir. Por él compuse el libro titulado *'Anqā' mugrib*, o sea, *El Pájaro mítico*, que trata del conocimiento del Sello de los santos y sol del ocaso[189].

---

la *Risāla* que nos ocupa. Cfr. Autob. cronol., párrafo 20, al fin. [NE. Ya lo hemos mencionado en la nota 30 sobre esta obra].

187 *Esc.*, f. 38 v; *Mor.*, f. 49 r. Cfr. *Autob. cronol.*, párrafo 8. Es el mismo cuya biografía ha dado ya Ibn 'Arabī anteriormente bajo el n° 5, y que repite aquí por olvido, aunque con datos nuevos y omisión de los ya conocidos.

188 [NE. Véase la nota 154 sobre este término].

189 Cfr. *Autob. cronol.*, párrafo 31. [NE. Esta es una de las obras más relevantes de Ibn 'Arabī desde un aspecto esotérico. Para un excelente estudio de la obra y traducción crítica consúltese: Elmore, G. *Islamic Sainthood in the Fullness of Time. Ibn al-'Arabī's Book of the Fabulous Gryphon*. Leiden: Brill, 1999. DOI: https://doi.org/10.1163/9789004450387]

30. Abū l-'Abbās b. Tāŷuh[190].

Era de Sevilla, de los devotos consagrados al combate ascético. Jamás, hasta que murió, dejó de tener el Alcorán entre sus manos.

31. Abū 'Abd Allāh b. Bisṭām al-Bāgī.

Era natural de Priego y se distinguió por la constante lectura del Alcorán y el ejercicio espiritual de la vigilia.

32. Yūsuf b. Taqrà.

Habitaba en Carmona y era de los que se consagran al ejercicio espiritual de la recitación del Libro [169] de Dios. No abandonaba jamás el Alcorán. No conversaba nunca con nadie. Ayunaba de continuo y pasaba las noches en oración.

33. Abū l-Ḥasan al-Qanūnī[191].

Vivía en la ciudad de Ronda y era de los que siguen el método de vida espiritual de los paladines o caballeros[192]. Poseía las siete intuiciones esotéricas de los místicos perfectos[193].

190 *Esc.*, f. 38 v; *Mor.*, f. 49 r. Desde esta biografía omitiremos el número de los folios, porque por su brevedad entran varios en uno mismo.

191 Quizá deba leerse *al-Qanawī*, que significa «el constructor de canales».

192 Cfr. *supra*, p. 161, nota 5.

193 Según enseña Ibn 'Arabī en *Futūḥāt* (II, 393.422), la intuición esotérica perfecta abarca siete conocimientos inspirados por Dios: 1°, el conocimiento de los nombres divinos; 2°, el conocimiento de las ilustraciones divinas; 3°, el de las revelaciones verbales divinas; 4°, el de la perfección e imperfección de los seres; 5°, el de la esencia del hombre; 6°, el de la función de la fantasía en la vida mística; 7°, el de las dolencias espirituales y sus remedios.

34. Muḥammad el herrero.

Vivía en la ciudad de Sevilla, y se hizo célebre porque jamás dejaba de estar recitando la jaculatoria «¡Bendiga Dios al Profeta!»[194].

[170] 35 Abū Isḥāq el cordobés.

Vivió en Bujía, y fue de los discípulos del maestro Abū Madyan. Había llegado al grado místico de la contemplación de Dios, exenta de toda representación sensible, fantástica e ideal.

36. Abū 'Abd Allāh el de al-Mahdiyya.

Residió en la ciudad de Fez, y pasó cerca de sesenta años sin volver jamás la espalda a la alqibla o dirección del templo de La Meca, hasta que murió.

37. 'Alī b. Mūsà b. al-Naqrāt.

Vivió en la ciudad de Fez, completamente ignorado como místico, pues no se le conocía entre los consagrados a la vida espiritual, y a pesar de que alcanzó en ella el grado de la intuición perfecta, pasó su vida entera en la oscuridad para todo el mundo, incluso para quienes estaban iniciados en el método sufí, los cuales lo tuvieron en bien poco, hasta que murió, y eso que estaba dotado de una sagacidad y penetración no comunes en todo lo relativo a la vida [171] esotérica. Entre las gentes fue más bien conocido y célebre por su erudición en las lecturas alcoránicas y en las tradiciones proféticas[195].

---

194 [NE. La jaculatoria es la conocida fórmula de *ṣalāt* o salutación al Profeta: *ṣallà Allāhu 'alay-hi wa-sallam* que quiere decir: «Que la azalá de Allāh y la paz sean sobre él»].

195 Ibn al-Abbār, en efecto, lo menciona en su *Takmila* (biografía n°1877) como tradicionista y orador sagrado, principalmente, si bien añade que se

38. Abū l-Ḥasan Yaḥyà, el hijo del platero[196]

Vivía en Ceuta, y era tradicionista de profesión, a la vez que sufí. ¡Cosa, en verdad, admirable: un tradicionista sufí ¡Tan rara como el azufre rojo[197]! Fue favorecido por Dios con bendiciones celestiales. Yo lo traté familiarmente en muchas ocasiones, aprendiendo tradiciones proféticas bajo su magisterio. Era un austero asceta, que se había despojado de las afecciones mundanas.

39.Abū 'Abd Allāh b. al-'Āṣ el de Beja.

Murió en Sevilla, y era alfaquí y asceta. ¡Cosa también rara!, pues un jurisconsulto que a la vez sea asceta, no se encuentra.

[172] 40. Abū 'Abd Allāh b. Zayd el de Évora.

Vivía en Sevilla, y era uno de los hombres de más virtud, muy fervoroso en los ejercicios espirituales y ascéticos y muy dado a la mortificación. Explicaba el Alcorán y la gramática en la mezquita aljama de al-'Udays, en Sevilla. Pasaba inadvertido entre las gentes y nadie le hacía caso. Estudiaba asiduamente los libros de Abū Ḥāmid al-Gazālī; pero una noche, leyendo la obra de Abū l-Qāsim b. Ḥamdīn[198], en que se refuta a al-Gazālī (Algazel), cegó de repente.

---

distinguió también por su austeridad ascética. Era originario de Jaén, donde nació el 515 (1121 de J. C.). Murió en Fez el 593 (1196 de J. C.).

196 *Esc.*, f. 39 r. *Mor.*, f. 49 v.

197 [NE. Este es un *tropo* habitual de la literatura sufí en la que a alguien excepcional en materia espiritual se le denomina «azufre rojo» (*al-kibrīt al-aḥmar*). Lo que subyace en este adjetivo es la excepcionalidad, pues el azufre rojo en alquímia es el azufre que, tras mezclarse con el mercurio y el proceso de putrefacción, se ha convertido en la «piedra filosofal» capaz de transmutar la materia en oro haciendo confluir los contrarios en el *mysterium coniunctionis*. Por eso, el místico que es llamado así se le distingue su rareza y su capacidad para conseguir estados de unidad o conocimiento supra-racional (*ma'rifa*)].

198 Fue cadí (*qāḍī*) de Córdoba, donde murió el 521 (1127 de J. C.). Cfr. *BAH*,

Postróse ante Dios de seguida y humildemente juró que no lo volvería a leer jamás y que lo haría desaparecer. Dios, entonces, le devolvió la vista. Era hombre muy virtuoso. También traté a un hermano suyo, que era tan bueno como él. A éste, cuando estaba para morir, Dios le reveló: «¡Dos paraísos para los dos hijos de Zayd!»

41. Abū 'Abd Allāh el sedero.

Desempeñaba en Córdoba el cargo de *imām* u oficiante del rezo litúrgico, para los leprosos. Pocos encontrarías que se le asemejasen. Yo le pregunté [173] cómo podía soportar gustoso la vida que llevaba en compañía de los leprosos, y me respondió: «¡No noto que huelan sino a almizcle!» Maravillosas son las cosas que recuerdo de sus estados místicos.

42. Abū Zakariyyā' Yaḥyà b. al-Ḥasan al-Ḥusaynī.

Habitaba en la ciudad de Bujía y era de los grandes santos que unen a la ciencia mística la práctica de todas las virtudes, especialmente la austeridad, el ascetismo y el celo por la salvación de las almas. Con su licencia, viví aislado con él algún tiempo en la soledad y le consulté sobre temas espirituales (como también él a mí), y observé que era de los místicos dominados por el temor de Dios. Son admirables las cosas que se cuentan de sus mortificaciones corporales, sobre todo en la comida. Lo volví a encontrar varias veces, y estudié bajo su dirección algunos de sus libros.

43. 'Abd al-Sallām el negro.

Era un místico giróvago[199]. No entraba yo en un pueblo en que no me dijeran: «Por aquí ha pasado Fulano.» Jamás permanecía quieto

---

biografía n° 169.

199 [NE. Véase la nota 154].

en ningún sitio. [174] Yo le pregunté la causa de que nunca se estuviese tranquilo, y me respondió: «Es que encuentro una agradable emoción espiritual en el movimiento.»

44. Abū 'Abd Allāh el de Cazalla.

Vivía en la ciudad de Sevilla, y era hombre virtuoso, de mucho fervor en los ejercicios espirituales y ardiente celo por la gloria de Dios. Cuando entrabas a visitarlo en su casa, se entregaba con más ardor a las prácticas de devoción.

45. Abū l-'Abbās Aḥmad b. Mun<u>d</u>ir.

Vivía en la ciudad de Sevilla, y era hombre muy versado en el Alcorán, en la lengua árabe y en el derecho, según la doctrina de la escuela de Mālik. Uno de los carismas con que Dios le favorecía era éste: cuando encontraba dificultad en resolver alguna cuestión jurídica, veía al maestro Mālik, el cual se la resolvía. En su propia casa se le aparecían los espíritus y le saludaban. Vivía con grande estrechez económica; pero si alguna vez los espíritus le echaban delante de sus ojos dinero, rehusaba aceptarlo, lo rechazaba, y el dinero desaparecía de su presencia. La austera [174] abstinencia de los bienes de acá abajo era la virtud que le dominaba. Fue un santo, y Dios le colmó de sus bendiciones.

46. Mūsà, el maestro de escuela[200].

Vivía en la ciudad de Fez, pero era originario de Alcalá de los Banū Sa'īd[201], de una notable familia de Granada. Su hijo 'Abd Allāh se crió ya de niño en la santidad, tanto, que jamás conoció el pecado.

200 *Esc.*, f. 39 v; *Mor.*, f. 50 r.

201 Alcalá la Real, provincia de Jaén.

Era, a pesar de esto, un muchacho penitente. No se le conoció infancia. Sabía de memoria el Libro de Dios.

47. Abū l-'Abbās el zapatero.

Me lo encontré en La Meca. Fue discípulo y compañero de 'Abd Allāh al-Mugāwirī[202], cuyos hechos [176] refería. Yo me encomendé a sus oraciones, que me sirvieron de mucho. Los favores con que Dios lo distinguía, los vi yo con mis propios ojos.

48. Abū Muḥammad 'Abd Allāh el peregrino, de Purchena.

Fue tu amigo íntimo y tu compañero[203]. Amaba la tradición ortodoxa y a los que la seguían. Era un gran santo, de méritos insignes a los ojos de Dios, y dotado de extraordinaria quietud espiri-

202 «Fue 'Abd Allāh al-Mugāwirī un grande santo, natural de Niebla, de los distritos de Sevilla, al occidente de al-Ándalus. Se le conocía [en oriente] por el sobrenombre de 'el Andalusí'. La causa de su conversión a Dios fue ésta: cuando los almohades entraron en Niebla, una mujer de la ciudad se puso en sus manos, diciéndole: «¡Llévame a Sevilla y líbrame de las manos de esta gente!» Tomóla, pues, sobre sus hombros y salió con ella de la ciudad. Mas tan pronto como se vieron solos en el camino, él, que era hombre de pasiones violentas y depravadas, y ella, por otra parte, mujer de belleza no común, el instinto sexual le incitó a cohabitar allí con ella. Pero refrenándose, dijo para sí: «¡Oh, alma mía! ¡Ella se ha puesto con toda confianza en tus manos! ¡No quiero cometer tamaña deslealtad! ¡Sería una perfidia para con su marido o su dueño!» Rehusaba, sin embargo, su concupiscencia, incitándole a pecar. Y cuando ya la fuerza de la tentación hízole temer por su alma, *lapidem accepit atque super illum penem suum, qui quidem erectus erat, imponens, alium accepit lapidem, atque penem inter duos contudit lapides confregitque, clamans:* «¡El fuego antes que el oprobio, alma mía!» Y desde aquel punto vino a ser el santo sin igual de su época, pues salió de su tierra en seguida para hacer la peregrinación a La Meca, y luego se estableció en Alejandría, hasta que murió. Aunque fue contemporáneo mío, no lo traté personalmente; pero Abū l-Ḥasan el sevillano me refirió los consejos ascéticos que 'Abd Allāh al-Mugāwirī le daba» (*Futūḥāt*, IV, 675).

203 Quiere decir, de Abū Muḥammad 'Abd al-Azīz, a quien la *Risālat* va dirigida.

tual. Un día, [177] a propósito del texto (Alcorán, II, 115) en que Dios afirma: «Aquellos a quienes hemos dado el Libro santo, lo leerán como deben leerlo», le oí que decía: «¿Por qué no han de leerlo éstos como deben leerlo?» Yo entonces le interpelé: «Dime, Abū Muḥammad, ¿cuál es tu respuesta, ya que tuya también es la pregunta?» Sonrióse él y me dijo: «Porque, supuesto que Dios es quien se les ha dado, su amorosa providencia les ha prevenido, y así, al don que les otorga aparejada va la ayuda que necesitan para aprovecharse de él.» Alusión, en verdad, linda, aunque alegórica, bajo cuya simbólica envoltura agítanse mares henchidos de doctrina espiritual para todo el que estudia y medita aquel dicho del Profeta acerca de los signos o portentos de Dios: «Si yo te los doy, te ayudaré a que los entiendas; pero si eres tú el que los buscas o pides, no serás ayudado.»

49. Abū 'Abd Allāh Muḥammad al-Bābilī o el mago[204].

Aquél que habitaba en el cementerio, es decir, tu fámulo, a quien Dios se le reveló bajo tu dirección espiritual y en quien las bendiciones divinas por tu mediación se manifestaron de modo evidente. Cosas que maravillan le vi realizar, que ahora he de guardar en secreto, porque no tengo ya suficiente tiempo para referirlas.

[178] 50. Abū 'Abd Allāh b. al-Murābiṭ.

Era de los ascetas entregados a la vigilia nocturna y a la lectura del Alcorán. Sobre él también se manifestaban con evidencia tus luces. Era de inteligencia despierta y muy rápida para comprender.

204 [NE. Asín Palacios inventa este apodo, cuando no hay ningúna referencia —en los diversos textos que he consultado— que este personaje se dedicase a la magia. El texto original habla *umūr 'aŷībat* «cosas extraordinarias», pero no de magia].

51. Abū Wakīl Maymūn el tunecino.

Se dedicaba a recoger quermes, y de eso vivía[205]. Enfermó estando en nuestra casa en Sevilla, y la santa Zaynab, esposa de Ibn ʻAṭāʻ Allāh, lo tomó para cuidarlo personalmente en su casa durante la enfermedad; pero cuando fue trasladado, murió, aquella misma noche. Era de los santos y amigos de Dios.

[179] 52. Abū Muḥammad ʻAbd Allāh b. Jamīs al-Kinānī.

Era el cirujano de la ciudad de Túnez y lo encontré, como sabes, en una *maḥrasa*[206]; adonde fuí a visitarle, caminando con los pies descalzos y con mucho calor, para imitar a mis dos maestros de espíritu, Abū Yaqūb y Abū Muḥammad de Morón[207], los cuales me habían dicho que también ellos lo visitaron en la misma forma, y vi, en efecto, que estaba favorecido por Dios con sus bendiciones. Pero tú conoces perfectamente las cualidades de su vida mística, y eso me basta.

53. Los siete «*abdāl*».

También encontré en La Meca a los siete individuos por cuya intercesión otorga Dios sus gracias a los muslimes[208]. Sentéme al lado de ellos, entre la esquina del templo en que hace la oración ritual el *imām* de los ḥanbalíes y el banco que hay junto al [180] pozo de Zamzam. Son estos siete personajes los elegidos de Dios en verdad, que gozan ya de la quietud espiritual y de la emoción de respetuoso temor que son fruto de la unión mística. Yo los encontré precisa-

205 Trátase del insecto así llamado, cuyo polvo se empleaba como materia tintórea para el color grana, que también se llama por eso carmesí.

206 La voz *maḥrasa* tuvo, según Dozy (Suppl., 1, 270), tres sentidos: rápita, cuartel y convento. El primero o el tercero son los que se acomodan mejor al contexto.

207 Cfr. *supra*, biografías nos 2 y 14.

208 Cfr. *supra*, p. 136, nota 2.

mente en el momento en que estaban en éxtasis contemplativo, y por eso no crucé con ellos ni una sola palabra acerca de la intuición mística. De su reposo espiritual vi lo que ni concebirse puede que goce ningún otro místico, que haya llegado al grado de la quietud.

54. Sol, la Madre de los pobres[209].

Vivía en Marchena de los Olivos y la fuí a visitar muchas veces. No he encontrado, entre los hombres de Dios, quien se asemejara a esta mujer en el fervor con que mortificaba su propia alma. Fue grande en sus ejercicios ascéticos y en sus revelaciones [181] místicas. Mujer fue de corazón fuerte, de nobles aspiraciones y de gran discreción. Guardaba bien en secreto sus estados místicos; pero, eso no obstante, algo de ellos me comunicó en secreto, por la privanza con que me distinguía, y de ello me holgué.

Las bendiciones espirituales que sobre ella derramó Dios fueron muchas y bien manifiestas. Sobre el tema de la revelación extática la sometí varias veces a examen y encontré que había llegado ya a la morada de la inmutable perseverancia en la perfección, característica de la unión con Dios. El temor de Dios y la complacencia con su voluntad eran las dos moradas místicas que la dominaban. Lo cual, por cierto, es, a nuestro juicio, cosa que maravilla, pues lograr ambas moradas al mismo tiempo, casi no se concibe.

209 Šams Umm al-fuqarā'. — Esc., f. 39 v; Mor., f. 50 v. Confróntese *Futūḥāt*, II, 46, donde se la llama Jazmín: «Una de las clases de santos amigos de Dios es la de los gemidores. A ella pertenecen así hombres como mujeres. De estas últimas encontré yo una en Marchena de los Olivos, de las tierras de al-Ándalus. Llamábase Jazmín y era de avanzada edad. Santifica Dios a estos místicos, mediante los gemidos que de sus pechos exhalan, porque se sienten incapaces de alcanzar la perfección espiritual y se lamentan al encontrar en sus corazones que no encuentran lo que creen perdido.»

55. Nūnna Fāṭima bint Ibn al-Muṯannà[210]

---

210 Esc., f. 39 v; Mor., f. 51 r. Cfr. *Futūḥāt*, II, 459: «Yo serví como fámulo y discípulo en Sevilla a una mujer, de las amantes de Dios y místicas intuitivas, que se llamaba Fāṭima, hija de Ibn al-Muṯannà el cordobés [sic]. La serví dos años seguidos. Tenía ella, a la sazón, más de noventa y cinco de edad y, sin embargo, me daba vergüenza mirarle al rostro, pues lo tenía, a pesar de sus años, tan bello y hermoso, por lo regular de sus facciones y lo sonrosado de sus mejillas, que se la hubiera creído una muchacha de catorce años, a juzgar por la gracia y delicadeza de su porte. Vivía en continuo trato con Dios. De entre todos los discípulos que, como yo, la servían, prefiérame a mí, tanto, que decía a menudo: «No he visto a nadie que sea como Fulano: cuando entra a hablar conmigo, entra con toda su alma, sin dejar fuera de mí ni un átomo de sí, y cuando sale, sale con todo su ser, sin dejar aquí tampoco nada de su espíritu.» Una vez la oí decir: «¡Maravíllome de aquel que dice que ama a Dios y no se alegra en El, siendo, como es, el objeto único de su contemplación, puesto que, en toda cosa, que sus ojos miran, a Él tan sólo ven, sin que de sus miradas se oculte ni un instante! ¿Cómo pretenden amar a Dios estas gentes que lloran? ¿Cómo no se avergüenzan de llorar, si tienen a su Dios mucho más cerca que le pueden tener cuantos a Él intentan acercarse, pues el que a Dios ama, goza de la mayor proximidad respecto de Él, siendo, como es, el objeto único de toda su contemplación? ¡Por eso digo que es cosa que maravilla el verlo llorar!» Después me dijo: «Y tú, hijo mío, ¿qué dices de esto que digo?» Yo le respondí: «¡Madre mía, que lo que dices es lo que hay que decir!» Luego añadió: «¡Por Dios que estoy en verdad maravillada! Mi Amado me dió, para que me sirva como criado, a la Fātiḥa [el cap. I del Alcorán] y, sin embargo, ¡no me ha distraído jamás este criado de pensar en mi Amado!» Desde aquel día conocí el grado excelso que esta mujer ocupaba a los ojos de Dios, cuando me dijo que la Fatiha la servía como criado. Estando ambos un día sentados, penetró de improviso una mujer en el aposento, y me dijo: «¡Hermano mío! Mi esposo, que está en Jerez de Sidonia, me cuentan que se ha casado allí. ¿Qué te parece?» Yo le respondí: «¿Quieres que venga?» Dijo: «Sí.» Volví entonces mi rostro hacia la anciana, y le dije: «Madre, ¿oyes lo que dice esta mujer?» Ella me contestó: «Y ¿qué es lo que quieres, hijo mío?» Dije: «Pues que satisfagas sus deseos, que son los míos, es decir, que venga su marido.» Ella entonces exclamó: «¡Oído y obedecido!, voy a enviar por él a la Fātiḥa, encargándole que traiga al marido de esta mujer.» Y poniéndose a recitar conmigo el capítulo primero del Alcorán, le dió forma real. Entonces comprendí su excelso grado místico, pues a medida que iba recitando la Fātiḥa, iba también dándole forma corpórea, aunque etérea, y haciéndola nacer. Una vez que la hubo formado de esta manera, le oí que le decía: «¡Oh, Fātiḥa! ¡Vete a Jerez de Sidonia y tráete al marido de esta mujer! ¡No lo dejes, hasta que vengas con él!» Aún no había transcurrido, desde que se fue, el tiempo indispensable para recorrer el camino, cuando el marido llegó adonde estaba su mujer. Ella entonces [la anciana Fāṭima] púsose a tañer el adufe en señal de regocijo. Y al interrogarle yo sobre aquello, me dijo: «¡Por Dios que verdaderamente estoy contenta por lo mucho que de mí se preocupa, pues me ha escogido como

También encontré, en Sevilla, a Nūnna Fāṭima, hija de Ibn al-Muṯannā, que había llegado ya al decenio de los noventa de edad. Era, pues, de edad [182] avanzada y, sin embargo, no comía sino de las sobras que la gente arrojaba a las puertas de sus casas; [183] y aun de estos desperdicios era poquísimo lo que comía. Cuando yo me sentaba a conversar con ella, me [184] sus facciones y lo sonrosado de sus mejillas, a pesar de que estaba ya en los noventa años. La *Fātiḥa* (primer capítulo del Alcorán) era su favorita y preferida. A este propósito, me dijo una vez: «Me ha sido dada por Dios la *Fātiḥa*, de la cual dispongo a mi arbitrio para hacer con ella cuanto me plazca.»

Con mis propias manos le construí una choza de cañas, en la cual se aposentaba en compañía de dos compañeros míos. Acostumbraba a decir: «Ninguno de los que entran a hablar conmigo me gusta, más que Fulano», y me aludía a mí. Decíanle: «¿Por qué esto?». Respondía: «Porque ninguno de ellos entra a hablar conmigo, sino con una parte de su propio ser, dejándose fuera las partes restantes de su ser, es decir, sus preocupaciones de casa y familia. Sólo Muḥammad Ibn ʻArabī, mi hijo espiritual y el consuelo de mis ojos, cuando entra a hablar conmigo, entra con todo su ser, y, así cuando se levanta como cuando se sienta, lo hace con todo

---

una de sus amigas íntimas y me ha atraído hacia su persona! Y ¿quién soy yo para que este Señor me haya preferido sobre los hijos todos de mi linaje? ¡Por la gloria de mi Dueño juro que tan celoso de mi amor está, como yo no sabría ponderarlo! Tanto es así, que si por descuido vuelvo alguna vez mis ojos hacia una cosa criada para buscar en ella mi apoyo y mi sostén, no deja de probarme mi Dueño con alguna aflicción, que Él me envía por medio de aquella misma criatura hacia la cual yo había vuelto mis ojos!» Más adelante hízome ver otras maravillas del mismo género. Yo continué prestándole sin cesar personalmente mis servicios. Con mis propias manos le construí una choza de cañas, justamente capaz para su estatura, en la cual habitó ya continuamente hasta que murió. A menudo me decía: «¡Yo soy tu madre divina y la luz de tu madre terrestre!» Cuando vino a visitarla mi madre, ella le dijo: «¡Oh luz! ¡Este es mi hijo y él es tu padre! ¡Trátale con piedad filial y no lo aborrezcas!»

«Nosotros (*Futūḥāt*, II, 821) hemos visto en al-Ándalus a muchos místicos de los que ven los genios, bajo apariencias sensibles y sin ellas. Así, por ejemplo, Fāṭima, hija de Ibn al-Muṯannà, de la gente de Córdoba, la cual los conocía intuitivamente, sin equívoco o ilusión alguna.»

su ser, sin dejar tras de sí nada de su propia alma. Así debe ser el camino de la vida espiritual.»

Dios le ofreció la posesión y dominio de la creación entera; pero ella, sin detenerse siquiera ante una sola de las criaturas, limitábase a exclamar: «¡Tú, sólo Tú! ¡Toda otra cosa que no seas Tú, es para mí de mal agüero!» Vivía absorta en Dios. El que la veía, [185] decía que estaba tonta. Pero ella replicaba: «¡El necio es el que no conoce a su Señor!»

Era la compasión misma para con todo el mundo. Abū ʻĀmir, el almuédano de la mezquita aljama de Sevilla, la azotó con su verga de toro, la noche de pascua, en la mezquita. Ella se limitó a dirigirle una mirada, y se marchó de allí con el alma resentida contra el almuédano. Durmióse aquella noche, y al amanecer, oyó a aquel mismo almuédano que desde el alminar de la mezquita llamaba a la oración del alba.

Al oírlo, exclamó: «¡Oh, Señor! No me castigues. ¡Mi alma concibió resentimiento contra un hombre que te recuerda en medio de las tinieblas de la noche, cuando las gentes duermen! ¡Por su lengua resbala el nombre de mi Amado! ¡Oh, Dios mío, no le castigues por mi resentimiento contra él!» A la mañana siguiente, los alfaquíes de la ciudad entraron a palacio para saludar al sultán, después de la solemne oración de la pascua, y confundido con ellos penetró también aquel almuédano, esperando participar de los regalos del sultán; pero éste preguntó: «¿Quién es ése?». «El almuédano de la aljama», le dijeron. «Y ¿quién le ha mandado entrar en compañía de los alfaquíes? (replicó). ¡Sacadlo fuera!» Diéronle de bofetadas y lo expulsaron de allí. Alguien, sin embargo, intercedió por el ante el sultán, y se le puso en libertad, después de que ya el sultán había mostrado [186] su propósito de castigarlo. A Fāṭima le dijo la gente: «A Fulano le ha sucedido con el sultán tal y tal cosa.» Pero ella replicó: «Ya lo sabía; y si no hubiera sido porque yo pedí a Dios por él, para que su castigo fuese leve, de seguro que le hubiesen matado.»

Su vida mística fue maravillosa. Ya murió.

[187]

IV EPÍLOGO

Como ya insinuamos en la introducción, la parte cuarta de la *Epístola* carece de todo valor autobiográfico. Únicamente, pues, para no dejar incompleto el análisis de este valioso documento, diremos lo indispensable acerca del contenido de su parte última.

Acabadas las 55 biografías de sus maestros y compañeros de vida religiosa, Ibn 'Arabī cierra la serie con este brevísimo epílogo[211]:

Estas que te acabo de contar son, ¡oh, alma mía!, las vidas ejemplares de quienes te precedieron y de algunos a quienes tú encontraste, tanto hombres como mujeres, si bien he pasado en silencio las de [188] otros muchos a quienes también traté. Con ninguno de ellos encuentro que tu pie haya caminado a la par...

Y ahora, ¡oh, amigo mío!, vuelvo hacia ti[212] para decirte que, si he traído a colación las vidas de todos éstos, ha sido únicamente para demostrar que la época en que vivimos no está —gracias a Dios— falta de hombres de bien que sigan las huellas de los santos de los tiempos primeros, dotados de la misma variedad de estados místicos, y de los cuales hemos mencionado tan sólo los que bastaban para lograr en breve resumen el fin útil que nos habíamos propuesto.

211 *Esc.*, f. 40 r; *Mor.*, f. 51 v.

212 Alude a su corresponsal Abū Muḥammad 'Abd al-'Azīz.

Claro es que, en lo que a ti personalmente se refiere, no cabe que de tus propios estados místicos vaya yo ahora a hablarte. Tanto más cuanto que en esta *Epístola* mi principal propósito ha sido el de divulgar entre las gentes conocimientos místicos, relativos al alma y a su Señor, que sirvan de acicate para bien hablar y santamente obrar. El místico, a nuestro juicio, todo místico, es el que conoce a Dios y que en sus brazos se abandona. De modo que, aun cuando en esta *Epístola* a ti me dirijo, en realidad es a mi propia alma a quien quiero hablarle, y aunque seas tú, ¡oh, amigo!, a quien mis avisos parecen enderezarse.

[189] [Tras este breve epílogo, Ibn 'Arabī se enfrasca en una larga y sutil digresión acerca de temas ascéticomísticos, que no interesan a nuestro actual propósito[213], y entra de lleno, seguidamente, a desarrollar una linda meditación sobre los beneficios divinos y la gratitud que a Dios debe por ellos el alma. Esta meditación, bastante extensa y que recuerda a menudo las bien conocidas de nuestros místicos del Siglo de Oro, es en la mente de Ibn 'Arabī algo así como el fruto práctico de toda la doctrina de su *Epístola*, pues, a su juicio, la meditación de los divinos beneficios es el acicate más poderoso para despertar en el alma el fervor en el servicio de Dios y lograr la perfección de la vida ascético-mística. Sin descender aquí a su análisis pormenorizado, creemos, no obstante, será de algún interés trazar las líneas generales en que va encuadrada[214].

Tres son los beneficios generales que examina: *creación*, *vocación* y *justificación*. Cada uno de ellos encierra en sí otros varios. La *creación* implica, en efecto, los siguientes: Dios nos ha sacado de la nada al ser, prefiriéndonos a los infinitos seres posibles que de los vivientes y no el de los inertes minerales; a esto añadió el beneficio de la sensibilidad, propio de los animales, en vez de darnos tan sólo el de los vegetales insensibles; finalmente, coronó su obra con la vida intelectual, que nos eleva sobre el mundo de los brutos y nos coloca en el rango de los ángeles. De la misma manera, el beneficio de la *vocación* implica, primero, la gracia de la fe en un

213 *Mor.*, ff. 51 v-57 v.

214 *Mor.*, ff. 57 v-65 v

solo Dios, o sea el monoteísmo que nos distingue de los politeístas; luego, el beneficio de la fe en la revelación de los profetas, que nos distingue de los incrédulos; después, el de la vocación al islam, que distingue a los musulmanes de los que profesan cualquier otra religión revelada, pues todas ellas han sido abrogadas por la islámica; finalmente, el de la ortodoxia, que distingue a los que profesan la verdadera fe, de los que siguen alguna de las herejías del islam. El beneficio de la *justificación* implica igualmente otros en su concepto: primero, la sólida instrucción religiosa, que no otorga Dios a los ignorantes, y sin la cual no es posible servir a Dios como es debido; luego, el beneficio de la virtud, que nos distingue de los pecadores; dentro de éste, caben grados de perfección moral, pues a unos libra Dios de caer en más pecados que a otros; después, vienen todavía las gracias de los diferentes grados de la perfección espiritual, y, sobre todo, [190] sus dos etapas capitales, la del ascetismo y la del misticismo; la unión de ambas en un mismo sujeto es, por fin, el beneficio sumo, que corona la vida espiritual.

La atenta meditación de todos estos beneficios debe provocar en el alma un profundo sentimiento de gratitud hacia Dios. Cada ser, en efecto, estará obligado a servir al Sumo Benefactor, en proporción de la cantidad y calidad de favores gratuitos que de sus manos haya recibido. Mas como en la escala de los seres creados cada reino de la naturaleza ha recibido, a más de los beneficios comunes a los reinos inferiores, otro beneficio peculiar a él, que le distingue de aquéllos elevándolo en la jerarquía de la creación, resultará obligado doblemente: por dichos favores, comunes a él y a los reinos inferiores, y por esotro beneficio, privativo suyo. De aquí que al hombre se le haya de pedir estrecha cuenta de los cuatro dones que recibió en común con los minerales, vegetales, animales y ángeles, más del otro beneficio peculiar suyo, y que es cabalmente el de reunir en su ser, como en cifra o compendio, la suma de todas las perfecciones creadas.

La *Epístola* termina[215] con los saludos de rúbrica que Ibn 'Arabī, en su nombre, y en el de su discípulo [192] 'Abd Allāh Badr el Abisinio, y en el de todos sus hermanos en religión, dirige a su

215 *Mor.*, f. 69 r.

corresponsal Abū Muḥammad ʻAbd al-ʻAzīz, y a la familia y discípulos de éste, cuyos nombres cita, en número de ocho. La *Epístola* está fechada en La Meca, en el mes de *rabīʻ* primero del año 600 de la hégira (1023 de J. C.).]